[성가대를 위한 예배음악]
성가대 운영론

권종렬 저
교회음악 박사

GRACE
PUBLISHER

머리말

호흡이 있는자마다 여호와를 찬양할지어다. 할렐루야!

성령께서는 사도바울을 통하여 시와 찬미와 신령한 노래를 부르며 마음에 감사함으로 하나님을 찬양하라고 하였습니다(갈3:16).

본서 성가대 운영론은 교회성가대가 좀더 깊이 있는 신앙을 바탕으로 하나님 앞에 찬양드릴 때 성가대의 아름다움을 나타내고 더불어 교회 성가대의 부흥을 도모하도록 하기 위해 쓴 것입니다.

여기에는 성가대가 하나님을 찬양하는 이유와 하나님 보시기에 좋은 찬양이 어떤 것인지 설명되어 있습니다. 또한 교회음악과 세속음악의 차이가 설명되어 있으며 성가대 운영론의 목적은 교회 예배음악이 하나님을 영화롭게 하고 성도들의 참다운 신앙 생활을 활성화 하게 하는 데에 목적이 있습니다. 그러나 오늘날 교회마다 성가대까지 세속화되고 타락하는 실정이기에 성가대를 영적인 찬양과 말씀 중심으로 잘 훈련시켜야 합니다.

좋은 성가대는 교회부흥 전도사역에 큰 역할을 담당 할 수 있는 것입니다.

끝으로 교회 모든 성가대가 날마다 부흥되시기 바랍니다.

이 책을 편집하시는 직원과 사장님께 진심으로 감사 드립니다.

서초동연구실에서
편저자 권종렬 박사 드림

목 차

◆ 머리말/ 7
1. 성가대론(성가대를 위한 음악)
   1) 성가대(찬양)의 기원 · · · · · · · · · · · · · 13
   2) 성가대의 역할 · · · · · · · · · · · · · · · · 14
   3) 성가대원이 지킬 사항 · · · · · · · · · · · 14
   4) 성가대의 전통 · · · · · · · · · · · · · · · · 15
   5) 그레고리안 성가 역사 · · · · · · · · · · · 16
   6) 그레고리안 성가 시대 · · · · · · · · · · · 17
   7) 미사의식(예배순서) · · · · · · · · · · · · 18
   8) 성가대 문제점 · · · · · · · · · · · · · · · · 19
   9) 좋은 성가대 · · · · · · · · · · · · · · · · · 20

2. 성가대의 사명
   1) 성가대란 Ⅰ · · · · · · · · · · · · · · · · · · 22
   2) 성가대란 Ⅱ · · · · · · · · · · · · · · · · · · 26
   3) 성가대는 사명감을 가져야 한다. · · · · · 29
   4) 성가대는 신령한 은혜로 하나님께 찬양하여야 한다. · · · 33
   5) 은혜로운 성가대가 되어야 하다 · · · · · 34
   6) 성가대원의 규칙 · · · · · · · · · · · · · · · 35
   7) 성가대와 회중음악 · · · · · · · · · · · · · 36
   8) 성가대원이 찬양 드리는 방법 · · · · · · · 41

3. 교회음악
   1) 교회음악은 · · · · · · · · · · · · · · · · · · 43
   2) 교회음악의 중요성 · · · · · · · · · · · · · 47

3) 교회음악은 하나님 말씀 안에서 찬양해야 한다. · · · · · 52
　　4) 교회음악은 부흥회 상징음악 · · · · · · · · · · · 55

4. 예배음악
　　1) 예배와 음악 · · · · · · · · · · · · · · · · · 58
　　2) 중세 교회의 예배음악 · · · · · · · · · · · · · 62
　　3) 종교개혁의 예배음악 · · · · · · · · · · · · · 65
　　4) 예배의식을 위한 음악 · · · · · · · · · · · · · 70
　　5) 예배에 사용된 시편음악 · · · · · · · · · · · · 72

5. 찬송의 의무
　　1) 찬송의 목적 · · · · · · · · · · · · · · · · · 76
　　2) 찬양의 능력 · · · · · · · · · · · · · · · · · 78
　　3) 영원한 찬양이란? · · · · · · · · · · · · · · · 82
　　4) 하나님께 찬양 드리자 · · · · · · · · · · · · · 88
　　5) 찬양과 함께 하시는 하나님 · · · · · · · · · · · 90
　　6) 찬송은 누구에게 하여야 하는가? · · · · · · · · · 94
　　7) 찬송과 성도의 신앙생활 Ⅰ · · · · · · · · · · · 101
　　8) 찬송과 성도의 신앙생활 Ⅱ · · · · · · · · · · · 108
　　9) 찬송과 성도의 신앙생활 Ⅲ · · · · · · · · · · · 111
　　10) 찬송과 성도의 신앙생활 Ⅳ · · · · · · · · · · · 113
　　11) 찬송과 성도의 신앙생활 Ⅴ · · · · · · · · · · · 130

6. 천국음악
　　1) 천국음악은 영원한 음악 · · · · · · · · · · · · 136
　　2) 음악과 기름 부음 · · · · · · · · · · · · · · · 141
　　3) 회당음악의 발전 동기 · · · · · · · · · · · · · 146
　　4) 음악의 능력 · · · · · · · · · · · · · · · · · 152

5) 하나님께 속한 음악이란? · · · · · · · · · · · · · 157
6) 하나님께 감사의 노래 · · · · · · · · · · · · · 160
7) 하늘나라에서 찬양 · · · · · · · · · · · · · 165

7. 찬송가중에 이러한 찬송을 꼭 불러야 하는지?
1) 이 찬송을 은혜롭게 불러야 할지? · · · · · · · · · · 170

8. 교회음악을 빛낸 작곡가 · · · · · · · · · · · · · 177
1) 마쇼 (Mahaut) / 2) 란디니 (Landini) / 3) 뒤파이 (Dufay)
4) 오케겜 (Ockeghem) / 5) 조스캥 데 쁘레 (Josquin de prez)
6) 오브레흐트 (Obrecht) / 7) 마틴루터 (Matin Luter)
8) 텔리스 (Tallis) / 9) 팔레스트리나 (Palestrina) / 10) 랏수스 (Lassus)
11) 윌리엄버드 (Willian Byrd) / 12) 빅토리아 (Victoria)
13) 몬데베르디 (Monteverd) / 14) 쉿츠 (Schutz)
15) 베네볼리 (Bene Vli) / 16) 카릿시미 (Carissimi)
17) 샤르팡티에 (Charpentier) / 18) 왓츠 (Watts)
19) 쿠프랭 (Couperin) / 20) 쿠나우 (Kuhnau) / 21) 비발디 (Vivaldi)
22) 텔레만 (Telemann) / 23) 바흐 (Bach) / 24) 헨델 (Handel)
25) 하이든 (Haydn) / 26) 모짜르트 (Mozart)
27) 베토벤 (Beethoven) / 28) 슈포어 (Spohr) / 29) 롯시니 (Rossini)
30) 슈베르트 (Schubert) / 31) 베를리오즈 (Berlioz)
32) 멘델스존 (Mendelssohn) / 33) 슈만 (Schunann)
34) 리스트 (Liszt) / 35) 구노 (Gounod) / 36) 프랑크 (Franck)
37) 브루크너 (Brucker) / 38) 브람스 (Brahms)
39) 라인베르크 (Rheinbcger) / 40) 생쌍 (Sailn Saens)
41) 드보르작 (Dvrak) / 42) 윌리암즈 (Williams) / 43) 페핑 (Pepping)
44) 메시앙 (Messiaen) / 45) 브리튼 (Britten)

9. 성가대(성도들)가 알아두어야 할 지혜
   1) 평화의 찬송 · · · · · · · · · · · · · · · · · 190
   2) 사랑으로 용서하자 · · · · · · · · · · · · 192
   3) 행복의 길 · · · · · · · · · · · · · · · · · · 194

◆ 참고문헌/ · · · · · · · · · · · · · · · · · · · 197

1. 성가대론

성가대는 예배음악에서 큰 비중을 차지하는데 말씀과 찬양(성가대 찬양)으로 크게 나눌 수 있다. 성가대를 담당한 지휘자는 신앙과 믿음으로 그 성가대를 이끌어 나가야 한다.

1) 성가대(찬양)의 기원

성경은 '하나님을 찬양하라'고 많이 강조하고 있다. 또한 구약시대의 제사의식에서 부터 오늘날 예배에 이르기까지 성가대는 중요한 역할을 했다. 그리고 유대인들의 성전에는 성가대가 잘 조직되어 있고, 음악을 전담하는 자들이 있었다.

성경에 최초의 성가대는 역대상 23:5의 "사천은 다윗의 찬송하기 위하여 지은 악기로 여호와를 찬송하는 자라."

"훈련 잘된 음악가는 저희와 모든 형제 곧 여호와를 찬송하기를 배워 익숙한 자의 수효가 이백 팔십 팔인이라"(역대상25:7). 이와같이 말씀에서 볼 수 있다.

가톨릭에서 초대교회 성가대의 형태는 종교개혁 이전까지 음악을 전문으로 하는 스콜라 칸토룸(Schola Cantorum)이라는 성가학교를 졸업하여 훈련받은 사람만 성가대원이 될 수 있었다. 이것이 개신교에서는 성가대원은 세례교인이어야 하는데, 왜냐하면 훈련된 사람들이 찬미하는 예배가 경건하고 은혜롭기 때문이다.

또한, 역대하5:12~14을 보면, 찬양으로 하나님께서 흡족하게 영광을 받으시고 여호와의 전에 구름이 가득하고 그 구름으로 인해 제사장들이 능히 서서 섬기지 못할 만큼 되었다고 한다. 그러한 성가대원은 레위지파 중 30세 이상된 남자로 구성되었다(대상 23:3).

최초의 성가대는 뉴욕에 있는 삼위일체 영국교회로 1643년 성가대원과 오르간 반주자를 영국에서 초청하여 성가대를 만들었다.

2) 성가대의 역할

성가대는 예배시 성도들을 대표해서 하나님께 찬양드리는 일을 한다. 그러므로 성가대원은 가장 아름다운 찬양을 하나님께 드리기 위하여 연습을 열심히 해야 한다. 그리고 성가대는 찬양을 통해서 복음전도의 사명을 감당할 수 있고 교회음악의 수준을 향상시킨다.

또 성가대원은 성도들 중 선택된 제사장으로서 예배를 시종일관 주관하고, 하나님과 성도들을 결속시키는 역할을 한다. 또한 은혜와 진리로 인도하며 사명을 가지고 거룩하고 경건하게 예배 봉사자로서 노력해야 한다.

3) 성가대원이 지킬사항

(1) 성가대원은 깊은 신앙심을 가져야 한다.

성이 건축되매 문짝을 달고 문지기와 노래하는 자들과 레위 사람들을 세운후에(느헤미야 7:1). 이것은 레위사람들이 흠없고 깨끗하다는 것을 말함.

(2) 성가대원은 책임을 다하여야 한다.

성가대원은 헌신적 봉사정신과 사명감으로 해야 하며 이 말씀은 아론이 이스라엘 자손을 위하여 레위인을 요제로 여호와 앞에 드릴지니 이는 그들로 여호와를 봉사케 하기 위함이다(민수기 8:11).

노래하는 사람들은 하나님 앞에 봉사하는 사람들이었다. 그러므로 성가대원은 존경받아야 하고, 겸손과 충성으로 성경을 많이 읽고, 은혜롭게 찬양하며 노래 불러야 하고, 지휘자의 말씀에 잘 순종하여야 한다.

4) 성가대의 전통

(1) 비잔틴 제국의 기독교 교회는 그리스정교(Greek Orthodox)라고도 불리워지는데 이 시대 성가는 러시아(Russian)성가 및 비잔틴(Bvzantine chant)에서 비롯된 비잔틴 성가이다.

비잔틴 성가 발전사는 527년 유스티시아누스 1세의 대관식으로 부터 전해지며(그레고리아 1세가 54에 전에 출생함) 기독교 의식에서 쓰이는 성가는 동방교회에서 자유로운 시 낭독을 주로 삼았고, 서방교회에서는 찬미가가 시편대로 두었다. 또한 6세기에는 Romanos와 Sergios 기조문 등이 대표적으로 Kontakion이 되었고 700년 전후하여 Kanon이라는 긴 시형으로 압도했다.

(2) 암브로시안 찬트(Ambrosius Chant) 성가는 문학적 운율을 가졌으며, 대중적인 성격을 띠고 있고 이단파와의 투쟁이 있었을 때 강한 무기 역할을 하고 있다. 또한 Ambrosius의 찬가와 성 Augustine의 찬미가는 우리 찬송에도 각각 42장과 301장에 실려 있다.

Ambrosius의 하나의 업적은 오늘날의 음계와 비슷한 선법 4개를 창안해 냈다. 음계란 것은 음의 소리를 음정의 높이에 따라 나열한 것이고 멜로디의 성격은 조를 규정해 주며, 선법양식은 격식 방법의 뜻을 가지며 살아있는 음악으로 구성된다. Ambrosius성가보다 160년 후에 나타난 Gregory 1세는 4개의 선법창안을 시행했다.

(3) 880년에 로마에서 흡수 된 갈리아 성가(Gallican Chant)는 5세기~9세기의 성가.

(4) 스페인 침략에서 Mozarabc성가는 8세기~11세기의 이슬람교도의 지배를 받던 스페인 그리스도인들이 사용함.

(5) 그레고리안 성가는 교황 그레고리 1세(Gregorius 1, 540~604)가 성스러운 영감을 받아서 지은 이야기이며, 그레고리안 성가는 미사(mass)를 드릴 때 사용한 의식이다.

5) 그레고리안 성가 역사
그레고리안 성가는 로마 가톨릭 교회에서 미사와 성무일과 시간에 부른 단선율 예배음악.

(1) **성무일과**(Officium, Offizium)
성직자들이 수도원에서 혹은 다른 모임장소에서 매일 수차례에 걸쳐 미사 드리는 것을 말한다. 성무일과에 적용되는 성경말씀은 제구시 기도시간에 베드로와 요한이 성전에 올라가서(행 3:1) 하루는 제구시쯤 되어 환상 중에 밝히 보매 하나님의 사자가 들어와 가로되 고넬료야 하니…고넬료가 가로되 나흘전 이맘때까지 내집에서 재구시 기도를 하는데 홀연히 한사람이 빛난 옷을입고 내 앞에 서서(행 10:30) 기도는 매일 3시, 6시, 9시에 드려야 하고 이것은 유대교 형식과 밀접한 관계가 있다. 성 베네딕도는 529~530년에 성무일과를 발표하여 그 시기는 월요일부터 토요일까지 적용시켰으며 일요일은 휴무였다. 주로 성시 낭독, 기도성가, 응답가, 교창가, 주기도문으로 구성되어 있다.

① 야간성무일과(Matutinum) 새벽4시경(독서의 기도)
② 주간성무일과(Lauds) 해돋을 때(아침기도로써 찬미하는 기도)
③ Prima 제1과시 아침 6시(기도로 하루일과 시작)
④ Terce 제3과시 아침 9시(오전 9시 기도문)
⑤ Sexta 제6과시 정오(12시에 드리는 기도문)
⑥ Noncs(오후 3시경에 드리는 기도문)
⑦ Vesper 만과해질 때 (저녁에 드리는 기도문)
⑧ Compline 만과 바로 뒤 (하루일과를 빌면서 감사로 마치는 기도문)

이렇게 하루에 여덟 번으로 예배드린다.

6) 그레고리안 성가 시대

4세기 전까지는 노래를 마음대로 못 부르고 훈련받은 성가대원만 찬양하게 되어 있었다. 4세기 이후부터 가수(오늘날 성가독창자) 및 성가대는 여성 성가대원만 부르게 되었다. 로마 출생 그레고리안 교황1세(재위 590~604)는 교황으로서 로마교회를 확장시키고 정치, 사회, 경제 분야에 공을 세웠으나 과학, 예술에는 무관심하여 예술은 쇠퇴하였다. 그레고리안은 9세기 이후에 로마의 의전과 그레고리안 성가를 가지고 가서 선교했고, 곧 그들은 한신앙 하나님, 한세계, 한교회를 통일예배 의전을 가르쳤다. 그리고 미사의식에서 드리는 것은 예수와 그의 제자들이 최후의 만찬을 들었던 것을 기억하는 것이다.

최후의 만찬 때 "떡과 포도주를 가지고 축복하시고 떼어 제자들을 주시며 가라사대 받아 먹으라 이것이 내 몸이니라…이것은 죄 사함을 얻게 하려고 많은 사람을 위하여 흘리는 바. 나의 피 곧 언약의 피니라"(마 26:26~28).

또한 미사(예배)를 드릴 때 성가대가 응답하고 노래하는 형식으로 미사(예배)가 끝났다. 그때 미사음악 작곡가는 팔레스트니라, 랏수수, 바흐, 헨델, 하이든, 모짜르트, 베토벤, 슈베르트, 리스트, 구노, 부르크너, 그리고 스트라빈스키, 브리튼, 힌데미트 등 많은 작곡가들이다.

7) 미사의식(예배순서)

차 례	사제가 기도하며 낭독하는 부분	고유분 성가대	통상문 (회중)
I. 개회식	개회기도	입당송 (Introitus)	Kyrie (참회) Gloria (영광송)
II. 말씀의 전례	독서 복음	층계송 (Graduale) Alleluia	Credo (신앙고백)
III. 성찬식	봉헌기도, 서창	봉헌송 (Offertorium)	Sanctus (거룩하시다) Benedictus (축복)
IV. 성찬식	주기도, 성찬기도	영성체 (Communio)	Agnus Dei (신의 어린양)
V. 폐회	Ita maissa eat (미사가 끝남 복음전파)		

8) 성가대 문제점

① 하나님 보다 사람을 의식하는 성가대가 되지 말자.

성가대는 하나님 앞에서 진정으로 예배를 이끌어가는 사명을 가진자들로 은혜롭게 믿음을 본받는 대원으로 구성되어야 하는데 그렇지 않고 성가대가 무대 예술처럼 지식적이고 화려하게 전공을 살려서 자기자신만 잘 부르면 된다는 잘못된 사고 방식을 버리고 하나님 앞에서 은혜롭게 찬양 드려야 한다.

② 성가대는 무대예술이 아니다.

먼저 성가대는 하나님 앞에 드리는 찬양과 음악적인 무대 예술처럼 전공을 살려 드리는 것과는 완전히 다른데 지금도 착각하며 몇몇 교회가 음악장 예술무대로 생각하고 은혜로운 것보다는 예술적으로 부르는 것이 당연할 줄 알고 있다.

③ 당회원, 교회목사 관심 목적

자기 교회 성가대를 자랑거리로 생각하고 예배의 악세사리처럼 생각하는 경우가 많다. 진정으로 당회원, 목사님, 성가대를 위하여 얼마나 기도하며 얼마나 관심을 기울이고 있는가? 다른 한편 관심 많은 당회원, 목사님도 있으나 그것은 극소수이다. 먼저 성도들과 교회가 일치되어 성가대를 위하여 하루에 한 번씩이라도 기도가 꼭 필요하다.

④ 교회음악 지도자 문제

많은 교회 성가대 지휘자가 있어도 음악적인 인식을 아직 깨닫지 못하고 성가곡을 하나의 일반적 예술작품으로 생각하고 찬양하니 은혜롭지 못하는 것이다. 그것은 지도자 자신이 기독 신앙과 성가대 경험으로 이루어야 한다. 그럼에도 불구하고 교회음악 지도자들은 전문성, 아니 비전공자가 너무 많다. 당회에서 별로 관심없이 성가대만 잘 이끌어 가면 된다는 잘못된 인식이 있다. 예를 들어, 신학을 공부하지 않은 장로나 집사가 성경을 많이 알고 있다고 은혜롭게 설교할 수 있는지, 진정으로 은혜와 진리로 올바르게 예배를 지도할려면 경험과 기도와 능력과 은사가 특별히 갖추어 있어야 하는데 그렇지 못하고 인격이 훌륭하다고, 높은 직위를 갖춘다면 이 모든 것이 하나님 앞에서 아무 소용없는 것처럼 교회 음악 지도자들도 예배음악을 바로 알고, 그 분야를 전공한 사람이 지도해야 은혜롭지 않은가?

⑤ 준비없이 예배참석하는 성가대원
⑥ 성가대는 평상 봉사대원으로 생각하고 참여 해야 한다.
⑦ 교회 성가대 예산은 너무 인색하다.
⑧ 성가대원도 문제점이 많다.

자주 불참하고 동시에 연습은 적고 예배시간에만 참석하는 성가대원의 문제와 또 교만하여 자기가 생각하는 것이 바람직하다고 느끼면서 지도자의 말은 듣지 않고 항상 세상적으로 똑똑하게 주장하는 성가대원, 순종보다 비판이 많은 성가대원들도 있다. 어느 교회의 경우 성가대 지휘자가 1년에 3회 이상 바뀐 것은 누가 잘못했다기 보다 당회나 성가대원 및 지도자가 서로 반성하고 회개해야 좋을 것이다. 성가대원은 일단 하나님 앞에 약속을 했을 경우 일년 동안 혹은 성가대 봉사하는 날까지 순종하며 인내로써 자기 위치를 충분히 지키는 성가대원이 되기를 바란다.

9) 좋은 성가대
① 하나님 보시기에 합당하고 믿음있는 신앙인이 되어야 한다.
② 성가대원 사이에 벽이 없고 서로 돕고 이해해야 한다.

③ 기도를 많이 하고 말씀속에 살아가는 성가대원이 되어야 하겠다.
④ 출결사항 없이 맡은 직분에 최선을 다하는 성가대원이어야 하겠다.
⑤ 지휘자와 반주자에게 잘 순종하는 성가대원이 되야 한다.
⑥ 성가대원은 부지런하고 하나님 앞에 은혜롭게 찬양해야 한다.
⑦ 불평이나 불만없이 날마다 감사하며 기쁜 마음으로 성가대에 임해야 한다.
⑧ 성가대원은 년 2회 수련회에 참석하고 은혜롭게 신앙을 잘 지키는 성가대원이 되어야 한다.
⑨ 진실한 마음으로 성가를 준비하여야 한다.
⑩ 성가대는 찬양을 영적으로 은혜롭게 불러야 한다.

"내가 영으로 기도하고 또 마음으로 기도하며 내가 영으로 찬미하고 또 마음으로 찬미하리라"(고전 14:15).

2. 성가대의 사명

1) 성가대란 I

하나님 앞에 영광과 은혜로 찬양하기 위하여 선택된 단체를 성가대라고 하며 성도전체가 찬양해야 하지만 은혜롭게 부르지 않으면 하나님 앞에 드리는 산예배가 헛되이 된다.

성가대의 음악적인 찬양은 교회 예배시간에 찬양을 이끌어 가므로 기도와 말씀으로 더불어 가장 중요한 자리를 차지하고 있다.

성가대가 은혜로운 찬양드리는 것은 큰 축복이요, 영광 중에 영광이로다. J.Ashtpon은 성가대원을 가리켜 교회음악의 최고 형태라고 했고 성가대에서 부르는 찬양은 영적세계를 가까이 맞이하는 것이 임무이다.

(1) 성가대의 시초

구약시대에 성가대는 지금과 같은 형태의 성가대가 아닌, 30세 이상된 남자들로만 구성되어 있었다. 여자들은 성전밖에서 행해지는 비공식적인 행사에만 노래를 부를 수 있었다.

성가대의 최초 기록은 역대상 23:5에 찾아볼 수 있다. '사천은 문지기요 사천은 다윗의 찬송하기 위하여 지은 악기로 여호와를 찬송하는 자'라고 기록되어 있다. 당시에도 성가대는 여호와를 찬양하는 방법을 배우고 찬양에 잘된자, 즉 신앙과 음악에 숙련 된 사람들이 맡았다.

초대 교회 시대에는 남자 어른과 형성되지 않은 소년들로 구성되어 있었다. 성가대의 형태는 18세기까지 유일한 성가대의 제도 였으나 지금도 일부교회(가톨릭)에서는 초대 교회 형태로 성가대를 운영하고 있다.

종교개혁 이전까지 가톨릭에서는 음악을 전문으로 공부하는 스콜라칸토룸(Schola Cantorum)이라는 성가학교를 졸업하여 훈련을 받은 사람만이 성가대원이 될 수 있었다(특히 세례교인 이상을 말함). 이 학교에서는 라틴어로 된 사람이 찬미하여야 예배가 경건하다고 생각했기 때문이다. 지금과 같은 혼성성가대는 18세기 이후 독일에서 시작 되었는데, 종교개혁의 영향이라고 할 수 있다.

한편, 미국에서 최초로 성가대가 조직된 곳은 뉴욕에 있는 삼위일체 영국교회였다. 이교회는 1693년 성가대원과 오르간 반주자를 영국에서 초청하여 성가대를 만들었다.

또한 미국에서 제일 처음 설립된 혼성 성가대는 1774년 매사추세츠주의 스타우톤(Stoughon) 시의 윌리암 빌링스(William Billings)에 의하여 설립된 성가학교(Sacad Singing School)였다. 전체 성가대원 50명 중 35명이 여자였다.

그후 1800년대 이후 로우월 매슨(Sowdi Mason)박사가 남녀 대원수를 비슷하게 나누었는데 그로부터 얼마 안되어 각 교회들이 혼성 성가대 제도를 받아들였다.

남자들로만 구성된 성가대는 유럽적인 전통을 지닌 즉 의식을 매우 중요시하는 교회에서 많이 볼 수 있고, 성인들로 조직된 혼성 성가대는 의식을 중요시하지 않는 교회에서 흔히 볼 수 있다.

(2) 성가대의 사명감

성가대는 하나님을 위해 성도의 찬송을 도와주고 은혜롭게 부르기 위하여 맡은 사명을 감당해야 한다. 그러나 성가대원 사명의 본래의 뜻은 하나님을 위하여 노래부르는 것이지 성도들을 위하여 찬양하는 것은 아니다.

성가대원은 성도들 중에서 선택된 직분자들로 예배를 처음부터 마치는 시간까지 인내와 사랑으로 예배를 도우며 예배시는 예배사회자와 함께 하나님 앞에 예배순서를 담당하고 성도들을 대신하여 찬양으로 은혜롭게 부르는 임무를 가지며, 예배시에 하나님과 성도 사이에 교량 역할을 하고, 성가대원은 교회음악 전반에 걸쳐 성도 전체를 주관하여 이끌어 준다.

또한 성가대원의 찬양은 예배를 이끌어주며 모든 성도들의 마음을 거룩하고 높으신 보좌 앞으로 인도하고 하나님을 받아 드릴 수 있도록 최선을 다하여 영광을 돌린다.

(3) 성가대가 맡아야 할 임무

하나님 앞에 예배드릴 때 임무를 맡은 성가대원은 누구나 할 수 없고 또 아무나 해서는 안된다. 성가대원은 믿음과 사랑 존경받는 자세로 찬양을 해야 한다.

① 성가대원은 신앙심이 있어야 한다.
　성가대원은 항상 기도하는 자세를 가져야 하고 예배참석에 영광 돌리는 마음에 임하여야 된다.
　느헤미야 7:1을 보면, '성이 건축되매 문짝을 달고 문지기와 노래하는 자들과 레위 사람들을 세운 후에' 라고 적혀 있다. 그 당시 레위사람들은 흠없고 깨끗한 사람들이다.
② 성가대원은 사명감 가진 사람
　성가대원은 최선을 다하여 자기 파트에 협조하여야 한다.
③ 성가대원의 협동정신

성가대원은 모든 일에 솔선수범하며 협동심을 발휘하여야 한다. 예) 악보정리, 의자정돈, 성가대 가운정리, 기타 청소까지 서로 협조하여야 한다.
④ 성가대원은 성도들에게 존경받아야 한다.
역대상 15: 27을 보면, 다윗과 궤를 맨 레위 사람과 노래하는 자와 그 두목 그나냐와 모든 노래하는 자도 다 세마포 겉옷을 입었으며…라고 적혀있다. 성가대원의 가운은 일반 성도들과 구별됨을 알 수 있다. 성가대원은 모든 성도들에게 존경받아야 한다.
⑤ 성가대원은 봉사정신이 있어야한다.
민수기 8:6 '이스라엘 자손 중에서 레위인을 취하여 정결케 하라.' 또한 '아론이 이스라엘 자손을 위하여 레위인을 요제로 여호와 앞에 드릴지니 이는 그들로 여호와를 봉사케 하기 위함이라(민 8:11)' 라고 적혀 있다.
노래하는 성가대원은 하나님께 헌신과 봉사로써 최선을 다하여야 한다.
⑥ 성가대원은 항상 말씀으로 살아야 한다.
성경말씀은 대부분 노래말이요, 은혜가 있는 찬양으로 기도하는 마음에서 부르고 성경을 읽고 찬송하여야 한다.
⑦ 성가대원은 겸손해야 한다.
교만하여 자기만 잘 부르면 되는 줄 알지만 이것도 하나님이 불러 주셔서 성가대원이 된 것임을 감사하게 생각해야 한다.
⑧ 성가대원은 좋은 예배 태도를 가져야 한다.
의복, 머리, 신 등 모든 부분에 성도들 앞에서 표본이 되고, 영적예배 질서에 아름답게 보답하여야 한다.
⑨ 성가대원은 찬양을 은혜롭게 불러야 한다.

성가대원은 예배시 찬양은 최고의 찬양이요, 가장 위대한 찬양으로 불러야 한다.
⑩ 성가대원은 말씀 중심에서

역대상 15:22 '레위 사람의 족장 그나냐는 노래에 익숙하므로 노래를 주장하여 사람에게 가르치는 자' 라고 적혀있다. 성가대원은 음악에 소질이 있어야 하고, 모든 성도들 보다 말씀과 기도가 항상 충만하게 해야 한다. 성가대원은 항상 배우는 자세로 지도자 역할과 사명을 감당하고 말씀 중심의 생활을 올바르게 지켜야 한다.

⑪ 성가대원은 지휘자 지시에 잘 순응해야 한다.

역대하 7:6 에서 '제사장들은 직분대로 모셔 서고 레위 사람도 여호와의 악기를 가지고 섰으니 이 악기는 전에 다윗왕이 레위 사람으로 여호와를 찬송하려고 만들어서 여호와의 인자하심이 영원함을 감사케 하던 것이라.' 고 적혀 있다. 성가대원은 노래에만 전념 할 수 있도록 노력해야 한다.

2) 성가대란 Ⅱ

(1) 성가대원에 대한 착각

성가대원은 누구나 할 수 있다는 잘못된 생각들을 가지고 노래를 잘하고 악보도 조금 읽어 볼 줄 알면, 다 성가대원이 되는 것으로 착각하고 있다.

(2) 교회성가대 예산 문제

교회에서 성가대의 재정적인 지원을 그 교회의 가장 보람있는 일로 여기며 재정 지원하여야 한다.

미주 교회의 경우, 성가대 예산은 그 교회 전체예산 중 10%를 차지하며 월 1회 정도는 예배음악을 성가대원이 행사하며 2개월에 1회는 성가대의 세미나를 가지는 것이 보통이다.
　그러나 한국교회는 완전히 다르다. 성가대 자체 예산이 없는 교회도 많지만 성가대원 전원이 월 회비 3천~5천원씩 모아 이것으로 성가대를 운영하는 교회도 있다. 이런 교회는 성가대가 예배의 악세사리 같이 형식적이라는 것을 느끼게 된다.

(3) 예배참석에 준비없는 성가대원들
　하나님께 찬양드릴 자세가 되어 있지 않은데 어떻게 은혜롭게 부를 수 있으며 연습없이 자리만 채우는 그 자세를 좀 생각해 봅시다.

(4) 성가대원은 교회에 전용물처럼 생각한다.
　외국교회 성가대원은 나이와 관계없이 어린아이부터 장년까지 성가대원으로서 이중 절반 이상이 장년이다. 그러나 한국교회 실정을 보면, 11시 본 예배는 모두 젊은 청년들로 구성되어 있으며 목사님부터 그것을 표적 삼아 자랑하고 있다. 하나님 앞에 찬양드리는 성가대원이 노소가 왜 구분되어야 하는지 그 자체부터 의심스럽다. 성가대원은 평생 봉사하는 자세로써 찬양을 드려야 한다.

(5) 성가대원은 교회에서 성가대만 하여야 된다.
　성가대원이 여러 부서를 맡으면 어느 한곳도 정확하게 일처리가 안되고 은혜스럽지 못하다. 그러므로 다른 부서까지 들지 않는다.

(6) 성가대원은 젊은 사람이 앉아서 부르는 곳인 줄 알고 있다.

성가대원은 신앙적인 면, 음악적인 면에 있어서 모범이 되어야 하며 교회 직분자(장로, 권사, 집사, 기타) 일때는 성가대에서 잘 봉사하다가 그렇지 않은 경우 봉사하지 않는 것을 많이 볼 수 있다. 어느 교회에서는 3대 며느리까지 성가대원으로서 봉사하는가 하면 어떤 교회에서는 남편은 성가대를 하지 않으면서 부인은 성가대에서 봉사하다가 조금 늦게 집에 오면 가정 싸움이 일어나는데 그렇게 봉사하여 은혜롭게 찬양될까 걱정됩니다.

(7) 성가대원은 기도하는 마음으로

성가대원은 성숙한 신앙생활을 하며 교회음악을 자리잡고 있을 때 성령의 인도로 온전히 완수될 수 있다. 교회 음악 활동에 참여할 때 또한 하나님께 드리는 찬양을 교회음악에서 최고의 것으로 나타낼 수 있다.

(8) 책임감을 갖자.

성가대원은 마음을 합하여 맡은 임무를 다하고 시간도 잘 지켜서 성가대원답게 행동을 하자. 외국에 여행이나 출장을 갈 때는 비행기, 기차 시간은 잘 지키면서 하물며 전지전능하신 하나님 앞에 드리는 예배와 찬양을 소홀히 해서야 되겠습니까? 한 번 더 생각합시다.

(9) 서로 사랑하자.

성가대원은 서로 사랑하고 화목하여야 하나님께 드리는 찬양이 은혜스럽습니다. 성가대를 잘 운영하려면 화목없이 될 수 없고, 사랑없이 되지 않습니다. 서로 사랑하고 양보하며 이해하여야 합니다.

(10) 성가대원은 음악에 사역자다.

예배음악에서 성가대의 찬양은 전체 70%를 차지하는데 성가대원 자체가 설교 말씀을 은혜롭게 받아들이지 않으면 하나님께 드리는 찬양은 형식적이 되고 말며, 예배에 하나의 악세사리로서 신령한 노래를 부를 수가 없다. 그러므로 성가대원은 최선을 다하여야 된다.

(11) 신앙과 음악

성가대원에 있어서 신앙과 음악은 가장 밀접한 관계이다. 어느 것 하나도 가볍게 취급되어져서는 안된다. 신앙만을 강조하는 경우 음악적으로 소홀해지기 쉽고, 음악만을 강조하는 경우 하나님께서 기뻐하시는 찬양이 은혜롭지 못하다. 그러므로 신앙과 예배음악을 잘 조화시키는 지혜가 필요하다.

(12) 봉사활동을 해야 한다.

성가대 봉사는 하나님께 하는 것이다. 성가대의 임무는 예배에 봉사하는 것이다. 모든 성도가 함께 참여하여 정성껏 하나님께 드리는 예배에 성가대가 사용되는 것이며 이것이 예배에 봉사하는 성가대의 임무인 것이다. 만약 봉사하고 싶은 마음이 없는 사람이 성가대원으로 임명되었다면 그것은 매우 잘못된 일이라고 하지 않을 수 없다(골 3:1 참조).

3) 성가대는 사명감을 가져야 한다.

성가대의 존재 이유에 관해 널리 만연 된 인식은 예배의 경험을 고양시키는데 사용되는 산물, 즉 음악을 만들어내기 위한 것이라는 생각이다. 물론 그 생각은 성가대의 활동을 성경의 가르침의 견지에서 검토해 보기 전까지는 좋은 생각이다. 성경은 음악이나 예술 그리고 미학 같은 것에 대해 직접적으로 언급하고 있지 않다. 더구나 신약성서는 그리스도 안의 예배에 어떤 내용이 적합한지 구체적인 지침을 제시하고 있지 않다. 그러나 성가대가 맡은 과제를 수행해 나아가는 과정의 성격이라는 다른 관점에서 볼 때 성경에는 연관성이 있는 구절들이 대단히 많다.

 이 과정의 핵심은 사람들간의 관계와 태도이다. 어떤 곡이 좋고 나쁜가 하는 견해를 명백하게 지지해 주는 특별한 정보를 성경에서 얻을 수는 없다. 또 어떤 것이 기독교적인가의 문제나 예배의 일부분으로서 바람직한 것인가를 명백히 알기는 어렵다. 그러나 어떤 태도(예를들어 교만, 나태, 분노) 또는 인간관의 측면들(사랑, 무관심, 적개심)이 그리스도적인가 아닌가를 알 수 있는 지침을 성경에서 많이 발견된다. 교회는 단지 건물, 기관, 예배식 또는 음악 자체가 아니라는 것을 명심해야 한다.

 교회는 하나님 백성들 즉, 예수 그리스도를 통해 하나님의 살아 임재하심을 깨닫고 그의 뜻을 찾고 그대로 행하기에 전심하는 사람들을 의미한다. 그러므로 목회사업의 으뜸가는 임무는 사람들의 삶에서 일어나고 있는 일들에 관심을 갖는 것이다. 건물, 기관들, 예배의식, 음악 또는 음악기관 등을 만드는 것도 대단히 중요하다. 그러나 기독교의 가치관의 견지에서 평가해 볼 때 성가대가 관여하는 과정은 음악 자체보다 사람에 대한 더 큰 관심의 문제로 보아야 한다.

(1) 성가대원이 올바른 가치관을 가져야 한다.

 성가대를 이렇게 구별짓는 것은 마치 신실함과 같은 어떤 태도가 음악의 영역을 대신할 수 있다는 인상을 주기 쉽다. 그러나 사실은 전혀 그렇지 않다. 오히려 그것은 음악의 영역이 접해질 수 있는 배경에 대해 말하고 있는 것이다. 즉 전체작업을 위해 결정적인 우선 순위를 궁극적으로 조명 해준다.

① 산물을 제작하는 능력에 따라 우선적으로 사람들이 평가된다.

따라서 노래를 잘 부르는 사람이 보통 사람보다 더 가치있는 것으로 간주되고 특혜를 얻게 된다(지각, 연습시간에 빠지는 것). 노래를 잘못하는 사람은 별로 쓸모없는 사람으로 쉽게 무시될 수 있다.

② 만일 지휘자가 더 나은 음악연주를 할 수 있다면 성가대를 이끌어 갈 때 지휘자의 무관용, 성미급함, 실망감, 그리고 야유 등의 표현이 허용되고 묵인된다.

③ 당장 음악연주를 향상시킬 수 있다고 생각될 때 전문적인 성악가를 도입할 수 있다. 그리고 그들이 교회 공동체와 아무런 관계 없다는 사실이 문제되지 않는다.

④ 성가대원 개개인의 감정보다 지휘자가 그들을 통해 만들어 내는 음악이 더 중요시된다. 만약 성가대 찬양이 훌륭하다면 노래하는 사람들이 부적합함을 느끼거나 괴로움을 느끼는 것 또는 그들이 노래하고 있는 것의 의미를 개인적으로 깊이 이해하지 못하는 것이 별로 중요하지 않다.

⑤ 성가대가 교인들에게 어떤 종류의 경험을 제공하는가 보다는 어떤 소리를 은혜스럽게 내는가에 따라서 성가대가 평가된다.

(2) **성가대원은 최선을 다하여 찬양하여야 한다.**
① 성가대원은 교인들에게 인격체로 평가된다.

이 말은 노래를 못하는 사람도 반드시 성가대에 소속해야 한다는 뜻은 아니다. 그것은 노래를 못하는 사람이라도 원하기만 한다면 열심히 그리고 오래 연습시켜서 성가대의 생산적인 일원이 될 수 있게 도와야 한다는 뜻이다. 궁극적인 목표는 생산물 중심적 활동과 다를 바가 없다. 그러므로 그러한 목표를 달성하기 위해 들이는 시간과 과정이 결과를 좌우할 것이다.

② 지휘자의 태도는 건실적이고 인격을 존중해야 한다.

여기에는 음악적 탁월성의 문제와 그룹에 대한 헌신이 결부된다. 이 말은 참된 그리스도인의 관계란 문제들을 덮어두는 것이 아니라, 정직과 사랑, 그리고 상호존중을 통해 개방적으로 다루어진다는 것을 의미한다.

③ 주일예배에서 부르는 찬양은 음악영역에서 그리고 성가대 내부의 그리스도인다운 성장과 관계된 영역에서 일어나고 있는 것을 대중적으로 함께 나누는 역할을 하게 된다. 그러므로 선택을 해야만 한다면 연습시간에 성장을 경험하는 것이 연주시 보다 훨씬 더 중요하다. 이것은 주일날 결석한 성가대원은 하나님 말씀을 거역하고 성가대의 임무를 다하지 못한 사람으로 인정할 수 있다. 반면에 연습시간에 불참한 사람은 장기간 동안 음악적으로 그리고 개인적으로 중요한 결과를 낳게한 다양한 경험들을 놓친 것이 된다. 실제로 성가대 안에 이러한 분위기가 조성되면 주일날이나 연습에 불참하지 않으려는 성실한 참여 자세를 배양시킬 수 있다.

④ 성가대원은 그 안에서 일어나고 있는 것을 함께 나누는 것이기 때문에 순간적인 연습이라도 자주함으로써 또는 외부 성가 연주에도 참여함으로써 성가대 발전 향상을 충족시킬 수

있다.
⑤ 성가대원 각자가 자신들이 만들어 내는 음악에 대해 느끼는 감정이 성가대와 하나님께 은혜롭게 가치를 궁극적으로 느끼며, 배우는 과정에 대해 반응하는 것이 중대한 관심사가 되어야 한다. 성가대원들이 곡에 대해 자신감을 갖고 개인적인 표현의 수준에 이를 수 있도록 성가곡을 몇 주간씩이라도 연습해야 할 것이다.
⑥ 성가곡 선택에서 중요한 요소 한 가지는 어떤 특정한 성가곡이 성가대원들의 음악적, 영적인 성장에 어떻게 이바지 할 수 있는지를 고려하는 것이다.

4) 성가대는 신령한 은혜로 하나님께 찬양하여야 한다.

성가대가 교회 안에서 갖는 역할에는 역설적인 측면이 있다. 또한, 한편으로 성가대는 많은 교회에서 강한 힘과 통합의 두드러진 중심부이다. 성가대는 회중 가운데서 가장 적극적이고 신실하며 관심 깊은 사람들이 속해 있다. 성가대가 전쟁 사령부, 또는 교회의 전쟁터로 변모하는 상황도 가능하다. 내부에서는 시기심, 불평, 언쟁 그리고 사랑없는 비판 등으로 대변되는 이기적인 분위기가 팽배할 때가 있다. 이러한 태도들은 모든 관계에서 성가대원끼리의 관계, 성가대와 교회의 나머지 성도들과의 관계, 그리고 자주 지휘자와 위원들과의 관계가 눈에 띄게 나타날 수 있다. 이러한 양극단 중의 어느 한쪽으로 전개되게 하는 이유는 성가대가 다른 부서보다 신령하기 때문이라고 보는 것이다.

그러나 외적인 태도와 경건한 행위가 강조될지라도 전투적인 상황이 남아 있을 수가 있다. 하나님의 사랑에 대한 당연하고 온당한 응답으로써 참여 할 것을 강조하는 모집 방법은 신실하고 충실한 참여를 다짐하며 그리스도인 다운 성실함을 나타낼 것을 강조하는 것, 성가대원들이 기도시간을 많이 갖는 것, 이러한 것들이 단결을 보장하지는 않는다. 거기에는 다른 영적인 요소들이 작용하며 그것을 지각해야 할 필요가 있다. 교회가 지휘자를 필요로 할 때 가장 뚜렷한 선택의 기준은 음악적인 역량과 경험이다. 그리고 기독교적 신앙핵심과 그리스도인에 대한 헌신과 관계된다. 기본적인 이해의 차이점들을 확인하고 노출시키지 않은 채 음악적 탁월성과 신앙의 수준을 논의하는 일도 있을 수 있다.

5) 은혜로운 성가대가 되어야 한다.

성가대가 만들어 내는 산물보다 성가대 자체에 더 가치를 둘 때 성가대는 그리스도인의 공동체의 진정한 의미를 보여주는 모범이 될 수 있다. 그 다음에는 기독교 신앙을 더 잘 이해하고 그대로 살기 위해 자각적으로 노력하는 자세가 노래하는 기술연마에 투여될 것이다. 산물 중심적인 그러한 그룹에 내재하는 문제들이 사라지는 것은 아니지만 오히려 복음에 대한 믿음이 일상생활에서 전개되는 상황 속에서 타개점을 찾는 것과 같은 방식으로 해결을 모색하는 계기가 될 수 있다.

성가대에서 연습은 기본적인 바탕이다. 그것은 성가대의 맑은 음색, 음악적 요소, 그리고 정확성 이상의 것을 포괄한다. 그러한 것들을 넘어서 음악을 통해 표현되는 이념으로까지 연결 되는 것이다. 음악의 의미와 내용이 토론되며 개인적으로 그것에 전심하는 것이 항상 의미있는 것으로 여겨야 한다. 이런 모든 점들은 성가대를 과정 대 결과라는 반대 개념으로 논의했던 단원에서 제시되었다. 여기에서 그것을 다시 언급한 것은 성가대가 분쟁의 중심부가 되거나 그리스도인의 화합과 성숙의 중심부가 될 수 있는 원인을 찾아볼 수 있다.

성가대원들은 교회 내의 다른 그룹에 속한 사람보다는 자신의 활동에 지속적으로 그리고 자주 몰입하기 쉽다. 보통의 경우 성가대원은 적어도 일주일에 두 번씩 연습과 예배를 위해 모여야 한다. 이러한 모임의 초점은 그들 스스로 결정한 목표에 두게 된다. 이렇게 깊이있게 성가대원들이 은혜롭게 연습함으로써 자기반성 및 신앙의 가치관을 찾는데 큰 도움이 될 것이다.

6) 성가대원의 규칙

성가대원은 다음과 같은 규칙을 철저히 지키도록 노력해여 한다.

① 성가대원은 음악의 성직자로 부르심을 받았다. 맡은 바 책임을 감사히 받아 기쁨에 넘치는 노래로 열심히 찬양해야 한다.
② 성가대원은 거룩하신 하나님의 음성을 듣기 위하여 온전히 하나님만을 향하여 문을 열고 영혼의 노래로 찬양해야 한다.
③ 성가대원은 찬송으로써 예배를 인도하고 우리에게 주어진 하나님의 나라를 건설하는 역군이 되도록 노력하고 우리의 삶을 그리스도께 산제물로 드리는 충성된 종이 되어야 한다.
④ 성가대원은 보다 품위있고 맡은 바 부족함을 힘껏 보충하여 더욱 향상 시키도록 노력해야 한다.

성가대원은 우리의 마음속에서 항상 영혼의 싸움을 준비하고 평화로운 마음으로 변화시켜 침체된 영혼을 북돋우며 슬픈자에게 위로를 주고 열심히 노력하며 음악 목회자로서의 사명을 다해야 한다.

7) 성가대와 회중음악

신약에서 회중의 찬양을 강조한 것과 성가대의 역할을 봉사정신으로 보는 개념을 결합하면 회중의 찬양에 대해 성가대의 책임이 우선적이라는 명백한 결론에 이르게 된다. 그러므로 우리는 이 점에 대해 실제상황에서 실행해 나갈 수 있는 방법들을 검토하고자 한다.

첫째, 성가대가 따로 노래를 부를 때 회중이 할 수 없는 일을 해야만 한다. 성가대의 찬양이 교회 회중이 혼자 부를 수 있는 노래가 되는 것은 적절하지 않다. 그러한 경우라면 회중 스스로 찬송을 부르게 하는 편이 낫다. 그렇다고 해서 회중이 보통 부르는 찬송가들을 성가대가 결코 선택해서는 안된다는 말은 아니다. 오히려 반드시 회중의 찬양은 성가대의 레파토리의 중요한 부분을 이루어야만 한다.

그러나 성가대가 특별한 음악순서로 예배시에 부르는 것은 회중의 평상시의 능력을 넘어서는 것이어야 한다. 말하자면 성가대는 교회에서 사용되는 찬송집에 실려 있으나, 회중이 잘 모르고 또 즉시 단번에 배워서는 따라하기 어려운 곡을 선택할 수 있다는 것이다. 혹은 찬송집에는 없지만 옛날 찬송집에 실려있는 찬송가를 택할 수 있다. 찬송집에 실려있는 대로가 아니라 색다른 양식으로 편곡하는 것, 즉 너무나 친목한 가사에 신선한 관심을 환기시킬 수 있도록 또는 새로운 의미로 부여할 수 있도록 도와줄 수 있는 음악적 배경을 마련하는 것이다.

예를 들면, 새롭게 이념들을 연상시킬 수 있고 신선한 분위기를 제공할 수 있도록 같은 가사에 다른 곡조를 결합시키는 것이다. 이러한 시도는 음악적으로 어려운 일이 아니며, 또 음악적으로 가치 있도록 만들기 위해 성가대가 특별히 어려운 과제를 맡을 필요도 없다. 그것을 단순히 세심한 주의를 기울여 일부 합창으로 성가대가 부르는 찬송이 예배에 귀중한 보탬이 될 수 있는 것이면 된다.

(1) 생동감 넘치는 성가대가 되어야 한다(은혜로운 찬양).

회중의 찬양과 관계된 보다 더 근본적인 목회사업의 측면이 있다. 회중의 찬양을 생동감 넘치게 만드는 것은 규모가 작고 숙련되지 않은 성가대의 능력에 달려 있다. 이것을 성공적으로 달성하려면 특정한 찬송가의 모든 절을 자신있게 부를 수 있고 회중의 목소리에 파묻히는 것이 아니라, 앞서서 인도할 수 있도록 충분히 연습해야 한다. 따라서 먼저 가사의 의미를 깊이 생각해야 하고 그 다음에는 단순히 악보를 두 소절씩 또는 네 소절씩 단위로 하여 부르기보다는 전달하는 의미를 의식적으로 노래하려고 노력해야 한다.

이렇게 하기 위해 때로는 음악적으로 단락이 끝나지 않았더라도 하나의 의미있는 내용이 끝날 때 얼른 숨을 쉬어야 할 필요가 있다.

그 예로, 간혹 의미가 계속 이어지고 가사가 서로 연결될 경우 음악적으로 보아 두 개의 소절이라 하더라도 숨을 쉬지 않고 이어서 불러야 할 때도 있다(그리스도의 사랑으로 우리의 마음을 연합시키는 자들에게 복이 있을지어다). 찬송가를 생동감 있게 그리고 의미 있게 부르기 위해서는 연습이 필수적이다. 물론 이러한 점들은 진지한 준비과정에 필요한 기술이다. 그러나 어떠한 성가대라도 이와같은 능력을 다 갖고 있다. 이러한 준비가 다 갖추어지면 회중들에게 설명이나 권명을 통해 특별히 지시할 필요가 없게된다. 찬양이란 가치의 위계의 일단계이나 이단계에서 저절로 나오는 것이기 때문이다.

성가대가 성가곡을 매주 불러야만 하나님 앞에 영광으로 은혜롭게 이루어지는 것이다. 성도들 각자가 성취감과 목적의식을 느끼는 것이 성가대의 성장과 건전성에 필요하다. 새로운 성가곡을 매주 배우기가 벅찬 성가대의 경우 성가대 찬양이 회중 찬양에 미치는 성과에 대한 지각이 있어야만 중요한 것이 달성되었다는 필수불가결한 느낌을 전달할 수 있다.

(2) 예배와 음악

예배(worship)는 Anglo-Saxon어인 위스-샤입(Worth-Scipe)이라는 글자에서 유래되었는데, 이 말은 가치라는 말과 신분(Ship)이라는 말의 뜻을 가진 합성어이다. 또한 존경을 받을 가치가 있는 자란 뜻이다. 가치가 있는 대상에 대한 인정이라는 뜻이 포함되어 있다.

하나님께 예배드리는 것은 몸과 마음을 바쳐서 우리들의 믿음과 사랑 그리고 순종으로 찬양을 받으시기에 충분하다는 것을 뜻한다. 그러므로 예배는 하나님께 영광되게 드리는 것으로 자기자신의 마음을 사죄하고 하나님께 복종함으로 몸과 마음으로 정성을 다하여 감사와 찬송으로 영광돌리며 따라서 예배는 성도들에게 가장 중대하고 영광스러운 일이다.

① 묵도송
  피아노 및 오르간 전주는 예배의 첫 시작으로서 예배를 선포하는 것이며 성도들에게 예배의식을 깨닫게 하는 것이다(성가대 묵도송 경건하게).
② 사회자 기원 및 기도(성시낭독)

하나님께서 예배자를 부르시는 것을 말하며 예배 뜻을 알리는 것이다(전성도 전체).

③ 찬송가 및 성시 교독
하나님께 드리는 찬송은 구원과 헌신적인 마음 혹은 호소를 의미하며 예배에 대한 이해와 성시교독을 통해 하나님께 호소하는 뜻을 말한다(전체 사회자와 성도들의 교독문 낭독).

④ 기도(대표기도)
대표기도는 영광과 감사, 죄의 고백 간구, 성도들의 고통, 고민을 받아 하나님께 호소하며 성도들의 살아가는 생활에 밑바탕으로 이끌어 주는 기도와 주님께 더 가까이 갈 수 있는 헌신적인 사명으로 감당할 수 있도록 요구하며 설교자의 말씀 은혜가 함께 이루는 역할을 하는 것이다.

⑤ 신앙고백
사도신경으로, 신앙고백은 우리 신앙을 다시 다짐하고 하나님 말씀 중심에서 살아간다는 한 부분이다(전 성도 다짐하는 시간).

⑥ 성경봉독(말씀)
성경말씀은 하나님께서 우리 인간들에게 이렇게 하라는 지시와 호소로써 설교자가 예배에서 이 말씀을 성도들에게 전해주는 사역의 역할을 말한다(전 성도들 순종하는 시간).

⑦ 성가대 찬양(하나님께 찬양)
성가대는 이 시간 찬양이 하나님께 바치는 아름다운 찬양으로서 몸과 마음으로 정성을 다하여 은혜롭게 불러야 함으로 전 성도들이 은혜받아 말씀속에서 새 생명을 얻을 수 있으며 성령으로 은혜받아 깨닫게 되는 시간이다(성가대 은혜로운 시간).

⑧ 설교(목사님의 말씀)

목회자가 성경 말씀을 전하는 것은 하나님 사역을 잘 감당할 수 있도록 알려주는 방법이며 마음과 준비로 무장시켜 주는 일을 할 수 있도록 최선의 역할을 알려주는 하나의 방법이기도 하다(전체 성도들의 하나님 말씀은 잘 감당할 수 있는 은혜로운 약속의 시간).

⑨ 봉헌- 헌금송 및 특송(독창자)

봉헌 시간은 가장 중요하며 하나님 앞에 성도들이 드리는 예물은 감사와 사랑과 은혜를 베푸는 시간으로써 정성으로 표현하는 시간이다(감사 예물시간).

⑩ 축도(폐회기도)

축도는 하나님 백성들에게 축복을 선언하며 우리가 다시 세상에서 살아가는 동안 하나님이 함께 하는 의미와 성가대의 폐회송은 성도들이 축복받으면서 세상 마귀들과 싸워 승리하는 계기로 인도하는 찬양이다(전성도들이 세상에서 마귀들과 싸워 승리하는 약속시간).

(3) 성경이 제시하는 예배의 성격

예배의 성격을 바로 이해하는 것은 온전한 예배를 드리는 계기가 된다.

첫째 하나님 중심 예배

둘째 그리스도 중심 예배

셋째 아름다운 중심 예배

넷째 기쁨으로 예배

다섯째 말씀중심 예배

여섯째 영적중심 예배

> "하나님은 영이시니 예배하는 자가 신령과 진정으로 예배할 지니라"(요 4:24).

참회와 감사와 헌신과 찬양으로 응답할 수 있어야 한다.

8) 성가대원이 찬양 드리는 방법

(1) 적극적인 방법

"나는 오직 주의 인자하심을 의뢰하였사오니 내 마음은 주의 구원을 기뻐하리이다"(시 13:5). 성가대가 하나님 앞에 찬양 드리는 것은 기쁨과 영광으로 드리고 마음과 정성을 다하여 온전히 예배드려야 한다.

(2) 하나님께 경배하자.

"그러므로 형제들아 내가 하나님의 모든 자비하심으로 너희를 권하노니 너희 몸을 하나님이 기뻐하시는 거룩한 산 제사로 드리라 이는 너희의 드릴 영적 예배니라"(롬 12:1).

성가대가 하나님 앞에 찬양을 드릴 때 외적 행위와 존귀와 겸손의 내적 행위는 모두 하나로 이루어져야 하나님 아버지가 기뻐하시는 행위이다.

(3) 하나님께 감사와 기쁨을 드리기 위하여

"여호와께서는 자기 백성을 기뻐하시며 겸손한 자를 구원으로 아름답게 하심이로다"(시 149:4). 성도들은 찬양으로 하나님께 큰 기쁨이 되고 하나님께서는 우리들에게 사랑과 축복을 주시고 주님의 말씀 속에서 감사와 영광으로 새롭게 이루어지는 것이다.

(4) 하나님께 감사와 찬송을

성가대는 날마다 여호와께 감사와 찬양을 통하여 은혜받고 괴로우나 즐거우나 주님을 바라보면서 십자가의 보혈 공로를 생각하면서 성가대의 맡은 사명을 끝까지 봉사하고 순종하는데 앞장 서서 나아가야 하며 영광 중에 영광으로 즐거워하며 그 기쁨과 사랑이 넘치도록 찬양하여야 할 것이다.

(5) 감사함으로 하나님을 만나기 위하여

"감사함으로 그 문에 들어가며 찬송함으로 그 궁정에 들어가서 그에게 감사하며 그 이름을 송축할찌어다"(시 100:4).

살아계신 하나님께서는 우리가 영혼으로 드리는 찬양 속에 거하시고 하나님을 만나고자 하는 사람은 감사의 찬양을 드리면 은혜와 영광으로 만날 것이다.

> "새 노래로 여호와께 노래하라. 온 땅이여 여호와께 노래할찌어다. 여호와께 노래하며 그 이름을 송축하며 그 구원을 날마다 선파할찌어다"(시 96:1-2).

> "온 땅이여 여호와께 즐거이 부를찌어다"(시 100:1).

3. 교회음악(Church Music)

1) 교회음악은

교회음악은 세상적인 음악과 다르다. 그리스도로서 하나님 말씀 중심으로 그 자체가 영적인면, 은혜로운 마음, 모든 욕망과 세상적인 낭만을 버리고 자기자신의 육신적인 신앙 안에 그 자체가 기독교적인 예배의식에 사용한 음악을 말하며 교회음악은 예술음악이 아니다.

① 교회음악은 하나님께 영광으로 드리는 음악이다.
② 교회음악은 성경말씀 중심적 음악이다.
③ 교회음악은 무대예술음악이 아니다.
④ 교회음악은 경건하고 아름다우며 신앙적인 바탕을 둔 영적으로 나타나는 아름다운 음악이다.
⑤ 교회음악은 무대예술로서 지식과 지혜로 자랑하는 음악이 아니다.
⑥ 교회음악은 순수한 음악으로서 찬송, 시편, 찬양 등으로 기도와 신앙고백 중심이며 그레고리아 성가와 코랄 중심으로 미사, 모테트, 오라트리오, 칸타타, 수난곡 등 많은 곡들은 하나님 중심에서 만들어진 곡이다.
⑦ 서방교회에서는 예배시 오르간이나 악기로 사용하였으나 동방교회에서는 성경말씀에 방울이나 심벌즈 악기로 사용하는 것이 원칙이다.
⑧ 교회음악이 가장 활발하게 잘 발전하는 종교는 기독교이다.

⑨ 종교음악은 광범위하게 사용할 수 있으며 오늘날 전세계적인 합창음악은 교회음악 중심으로 무대를 장식하고 있으며 그 무엇보다 자랑할 음악은 일반 무대에서 자주 사용하는 오라토리오, 즉 바흐칸타타, 헨델메시아, 베토벤장엄미사, 하이든 천지창조이다. 이러한 곡은 일반무대에서 찾아 볼 수 없는 훌륭한 음악이다. 그러나 그리스도인을 제외한 모든 세상 사람들은 이러한 곡을 잘못 알고 세속화적인 음악(즉, 세상 낭만적인 음악)으로 착각하고 현대음악 쪽으로 이끌어가는 시대가 오늘날 세상음악이다.
⑩ 교회음악은 성스럽고 웅장하고 장엄하며 모든 사람들의 감정을 높일 수 있고 영적인 마음을 이끌어 주는 음악이다.
⑪ 교회음악의 특별한 사명은
　(가) 성령으로 인도하고
　(나) 형식에 치우치지 않고
　(다) 이론과 행동보다 실질적인 표현을 나타내는 음악
　(라) 교회음악의 나타내는 감정을 그대로 우리 생활속에 전달해 주는 음악
나의 평생에 여호와께 노래하며 나의 생존한 동안 내 하나님을 찬양하리로다(시편 104:33).

◉ 교회음악은 가치있는 음악 ◉
　(ㄱ) 기독교적인 음악
　(ㄴ) 성경말씀 중심 음악
　(ㄷ) 예배중심 음악
　(ㄹ) 영적인 무장된 음악
　(ㅁ) 승리하는 음악

이러한 교회음악은 한가지라도 소홀히 할 수 없고, 깊이있게 생각하여 기도하는 자세로 찬양을 하여야 한다.

교회음악은 하나님이 주신 가장 고귀한 선물이며 날마다 감사와 찬양으로 인도하는 위대한 음악이다.

1 교회음악 구별

(1) 예배음악

하나님께 찬양으로 예배드리는 음악이며 교회음악의 가장 중요한 부분이다.

예배음악에는 찬송(성도들이 부르는 찬양), 성가대(하나님께 드리는 특별찬양), 피아노와 오르간(예배음악, 인도하는 음악), 헌금송(독창자 특별송 및 감사기도), 기도와 묵도, 폐회송(모두 하나님께 화답하는 음악)

① 교회음악
  하나님 중심으로 말씀을 통하여 은혜롭게 하는 것
② 예술성
  교회음악은 지식적인 예술성이 아닌, 하나님께 영광드리는 영적 음악.
③ 목적
  하나님 말씀으로 찬양하고 영적으로 성장하여 교회를 영화롭게 나타내게 함.

2 세속음악

① 이론과 조직적인 과학음악

② 예술성
    작품화 할 때 예술성 구상 및 조직적인 음악
③ 목적
    지식과 인간의 정서생활, 자신의 사고력을 발휘하여 모든 사람들의 심리적 요인을 위한 작품

(2) **교육용 음악**
신앙부흥음악, 교회학교 음악 및 부흥성회 때 부르는 특별용 음악

(3) **전도음악**
복음전도 및 선교음악은 주로 복음성가, 전도가, 흑인영가 등의 구별로 나타낼 수 있다.

(4) **교회행사 음악**
교회행사 음악은 주로 부활절 칸타타, 크리스마스 칸타타, 추수감사, 맥추감사, 교회장례음악(장례곡). 그외 가톨릭의 의식음악은 성담곡, 교성곡, 진혼곡, 수난곡, 미사곡, 테테움, 스타바트 마테트 등 많은 이러한 곡은 연주만을 위하여 사용되는 경우를 말함.

※ 교회음악과 세속음악의 구별

교회음악	세속음악
하나님을 영화롭게 함	사람을 즐겁게 함

2) 교회음악의 중요성

성경 속에 음악을 830번 이상 언급하고 있다.

하나님의 말씀에 그토록 음악이 여러번 언급되어 있는 것을 볼 때 하나님께서는 음악을 상당히 중요하게 여기고 계심이 틀림없다. 하나님께서는 절대로 말씀을 낭비하시지 않으시고 성경의 지면을 그저 채우시는 분이 아니다. 단어 하나 하나가 모두 분명한 뜻이 있어 그 자리에 있는 것이다. 또 성경은 지옥에 대해 70번을 언급하고 있다. 그러나 비록 70번 밖에 언급되어 있지 않은 지옥이라 할지라도 그것이 아주 생생하게 묘사되어 있음을 알 수 있다.

성경말씀은 지옥보다 음악을 12배나 더 언급하고 있다.

하나님께서는 그만큼 음악을 더 중요하게 여기신다는 뜻이다. 사실 음악은 성경말씀이 강조하고 있는 중요한 부분 가운데 하나임에 틀림없다. 시편 100:2에는 이렇게 기록되어 있다.

기쁨으로 여호와를 섬기며 노래하면서 그 앞에 나갈찌어다. 만일 어떤 사람이 대통령 앞에 나간다고 하면 그는 반드시 대통령에게 존경을 표시하기에 합당한 예절을 갖추어야 할 것이다. 대통령 중에 대통령이요, 왕중의 왕이요, 만유의 주님이 말씀하셨다.

자! 내앞에 나오려는 자들아 나는 너희들이 기뻐 노래하면서 나오기를 원하노라. 하나님께서는 그의 백성들이 그 앞에 나올 때 반드시 갖추어야 할 여러 가지 조건들 가운데서 노래하면서 나오는 것을(성가대원) 택하여 주셨다. 하나님께서는 회개하며 나오라고 하시지 않으셨다. 또 울부짖어 죄를 고백하면서 무릎으로 기어 나오라고도 하지 않으셨다. 하나님은 오직 이렇게 말씀하셨다. 너희가 내 앞에 나올 때 나는 너희가 노래하며 나오기를 원하노라. 이 세상의 교회들은 찬양을 통해서 하나님의 임재하심을 발견하고 있다.

"우리가 감사함으로 그 앞에 나아가며 시로 그를 향하여 즐거이 부르자"(시 95:2). 원문에는(감사함으로 노래 부르며 그 앞에 나아가자 노랫가락에 맞추어 환성을 올리자로 되어있다).

성경 말씀에는 "감사함으로 그 문에 들어가며 찬송함으로 그 궁정에 들어가서 그에게 감사하며…"(시 100:4).

'우리들은 언제나 하나님께서 우리들에게 베풀어 주신 것들에 대해 늘 감사하고 있습니다' 라고 고백하며 하나님께 감사의 찬양을 드려야 한다. 성경은 '하나님께서는 그의 백성들이 찬송 가운데 거하신다' 고 말씀해 주고 있다.

(1) 감사의 찬양

"이스라엘의 찬송 중에 거하시는 주여 거룩하시니이다"(시 22:3).

교회는 영적으로 볼 때 이스라엘 나라이며(갈 6장 참조), 하나님께서는 우리들의 찬양 안에 거처를 삼기 원하시기 때문에 우리들의 기름 부음을 받은 음악으로 하나님을 기쁘시게 해드려야 한다.

다윗은 하나님의 전에서 음악의 중요성에 대해 위대한 계시를 받았다. 다윗은 오직 음악만을 담당하는 제사장과 레위족속들을 세워 그들로 하여금 하나님 앞에서 노래(찬양)와 악기를 연주하여 하나님을 섬기는 일만을 수행하도록 하였다.

"언약궤가 평안한 곳을 얻은 후에 다윗이 이 아래의 무리를 세워 여호와의 집에서 찬송하는 일(성가대 지휘 및 찬송 인도자)을 맡게 하매"(대상 6:31-32).

다윗은 제사장들에게 찬양 드리는 일만을 하도록 하였다. 이들이 다른 임무는 전혀 맡지 않고 찬양드리는 임무만을 수행했던 것으로 미루어 보아 찬양은 하나님 전의 예배 가운데서 중요한 부분을 차지하고 있었던 것에 분명하다(성가대).

그들은 하나님 전에 오직 음악만을 가지고 섬기는 일을 했으며, 사람들이 바친 십일조에서 사례비를 받았다(성가대 지휘자 사례비). 그리고 성전 안에 거하도록 숙소가 주어졌는데(즉 음악 목사) 이는 그들의 예배를 위해서 항상 대기하고 있어야 했기 때문이다(성가대 예배준비 연습곡).

"또 찬송하는 자가 있으니 곧 레위 족장이라 저희가 골방에 거하여 주야로 자기 직분에…"(대상 9:33).

"노래하는 자 아삽 자손 곧 미가의 현손 맛다냐의 증손 하샤뱌의 손자 바니의 아들 웃시는 예루살렘에 거하는 레위 사람의 감독이 되어…"(느 11:22).

"도비야를 위하여 큰 방을 갖추었으니 그 방은 원래 소제물과 유향과 기명과 또 레위 사람들과 노래하는 자들과…"(느 13:5).

음악사역(성가대)은 여호와의 전에서 행해지는 중요한 사역의 한 부분으로서 구약시대에는 이들 노래하는 자들이 교회 내에서 교역자의 직분을 가지고 있었다. 그들은 특별한 음악을 준비할 뿐 아니라 찬양과 예배를 인도하는 일도 맡고 있었다.

이들이 드리는 찬양 예배는 은혜롭고 훌륭하게 이끌어 가기 위한 준비에만 그치는 것이 아니며, 사람들로 하여금 예배를 준비하도록 분위기를 조성하는 것은 더욱 아니었다. 왜냐하면 교회에서의 예배란 어떤 분위기를 조성하는 파티와 같은 것이 아니기 때문이다. 찬양예배는 하나님 말씀을 받도록 우리는 준비시켜 주는 역할을 한다(성가대의 은혜로운 찬양 준비와 함께 독창자, 반주자는 주님이 기뻐하는 사역에서 찬양을 드리기 위한 방패로 사용된다).

먼저 하나님의 마음을 살펴야 한다. 설교자가 어떤 말씀을 선포할지 연구하고 기도하며 하나님께 묻는 것과 마찬가지고 찬양 인도자(지휘자)는 어느 곡으로 회중을 인도해야 하는지를 하나님께 여쭤어 보아야만 한다. 만약 온몸이 기름부음으로 덮이지 않는다면 우리의 육체가 보일 것이다.

그러므로 우리들의 머리 끝부터 발끝까지 그리고 악에 이르기까지 성령님의 기름부음으로 충만해야 하는 것이다. 주님의 임재 앞에 어떠한 육적인 것도 자랑하지 않게 될 만큼 나의 몸을 완전히 기름부음으로 흠뻑 적시게 해달라고 기도해야 한다.

(2) 예배를 위해 주님이 뜻하시는 바가 무엇인지?

작곡자, 독창자, 찬양 인도자, 성가대, 오케스트라 단원, 지휘자들이 모두 기름부음을 충만히 받는다는 것은 매우 중요하다. 하나님께서 그 예배를 위해 무슨 말씀을 하시려고 하는지 몰라서 그 뜻과 주제를 찾기 위해 이곳, 저곳을 찾는 것은 안타까운 일이다. 이러한 예배가 끝난 뒤에 당신은 하나님께서 무엇을 말씀하셨는지 분명히 말할 수 있을 것이다. 왜냐하면 처음부터 끝까지 한 주제가로 흘러서 그 예배의 모든 부분이 흐트러지지 않고 지속되었기 때문이다.

예배의 흐름이란 그 예배의 참석한 성도, 목사, 찬송 인도자, 성가대원, 지휘자, 오케스트라 등 모두가 그 예배를 위해 주님이 뜻하시는 바가 무엇인지를 간구하고 기도하는 가운데서만 알 수 있다. 하나님께서 우리에게 어떤 특정한 생각이나 노래, 말씀 등을 주시지 않을 때는 계속 기도하는 것이 좋다. 그렇게 하나님께서

원하시는 것을 찾다보면 결국 성가대의 찬양과 목사의 설교 주제가 동일했다는 것을 발견하게 될 것이다.

예배시 드린 찬양이 큰 영광을 가져오게 되면 성령님의 역사가 강하게 일어날 것이며 설교가 미처 끝나기도 전에 수많은 죄인들이 강대상으로 나와 주님을 영접하게 될 것이다. 왜, 이러한 일들이 일어날까? 그것은 우리들이 하나님의 뜻대로 역사하시도록 해드렸기 때문이다.

우리의 예배가 하나님께 온전히 드려지기를 원한다면 예배에 있어서 기름부음과 일정한 흐름은 절대적으로 필요하다. 기름부음과 예배 흐름이 없다면 그 모임은 순서가 흐트러지게 되고 생명력을 잃게 될 것이다. 그러나 예배에 참석한 모든 사람들에게 기름부음이 충만했다면 그 예배는 분명히 하나님의 임재하심이 충만해져서 솔로몬의 성전 봉헌식과 똑같은 위대한 일들을 체험하게 될 것이다.

(3) 한 목소리로 주님을 찬양하라.

우리가 다같이 한 목소리로 주님을 예배하고 찬양할 때 바로 그 곳에 연합함이 있는 것이다. 이 연합함은 오직 기도와 통일된 흐름을 통해서 그리고 하나님께서 받고자 하시는 뜻과 소원대로 우리가 섬기려고 노력할 때만 가능한 것이다.

기름부음을 구하지 않은 채 노래하고 연주하는 것은 그저 한낱 아름다운 소리에 불과 하게 될 것이다. 하나님께서는 우리가 음악으로(즉 찬양) 하나님을 섬길 때 그로부터 우리가 기름부음 받기를 원하신다. 삶의 멍에를 풀어주고 갇힌 자들을 자유케 할 수 있는 것은 어떠한 인간의 재능으로도 불가능하다.

그것은 오직 하나님의 영광스러운 찬양에 의해서만 가능한 것이다. 하나님의 멍에를 푸는 것은 기름부음 때 있다고 가르치고 있다. 우리들의 음악(찬양)이 섬기기 위한 목적이라면 기름부음은 절대적으로 필요하다.

"이는 힘으로 되지 아니하며 능으로 되지 아니하고 오직 나의 신으로 되느니라"(슥 4:6).

3) 교회음악은 하나님 말씀 안에서 찬양해야 한다.

오늘날 많은 노래 가사들은 네 기분대로 행동하라고 충동질하고 있다. 그러나 하나님은 옳은 일만 행하라고 말씀하신다. 확실히 모를 때는 차라리 그 노래를 멀리하는 것이 낫다. 그러나 많은 크리스천이 선정적이며 탐욕스러운 노래로 스스로의 마음을 양육시키고 있다. 우리들은 주님을 섬기는 일이 왜 이렇게 어려운가에 대해 의아해 한다. 그러나 우리가 먼저 하나님의 음악을 듣는 것보다 세상의 음악을 더 많이 듣고 있지 않나 반성해 볼 필요가 있다. 크리스천으로서 우리들은 우리 자신들의 마음을 건전한 노래, 즉 승리와 믿음의 노래, 능력의 노래, 사람의 노래 그리고 은총과 기쁨과 평강의 노래들로 양육시켜야만 한다.

"종말로 형제들아 무엇에든지 참되며, 무엇에든지 경건하며, 무엇에든지 옳으며, 무엇에든지 정결하며…"(빌 4:8).

우리들은 우리들의 마음을 세상의 쓰레기로 양육해서는 절대로 안된다. 우리들은 우리 자신을 순결하고 정직하며 진실되고 참되며 사랑스럽고 칭찬받을 만한 것으로 양육해야 한다. 이러한 것들이 바로 우리들이 생각하고 노래하며 또 들어가야 할 것들이다.

위에서 언급한 '무엇에든지' 자리에 '노래들'이란 말을 대신 집어넣을 때 어떻게 되는가 보자. 정말로 형제들아 무슨 노래든지 참되며 무슨 노래든지 경건하며 무슨 노래든지 정결하며 무슨 노래든지 사랑할만하며 무슨 노래든지 칭찬할만하며 무슨 덕이 있든지 무슨 기림이 있든지 이 노래들을 생각하라. 하나님께서는 우리들에게 더 이상 세상의 악이 필요하지 않도록 해주셨다. 오늘날 교회는 하나님을 높이고 하나님을 찬미하는 음악을 소유하고 있다. 세상의 음악은 이제 너무 사악해졌다. 그래서 하나님께서는 성적인(동성애를 노래하는 것에서부터 사단숭배에 이르기까지)음악과 하나님을 찬양하고 크리스쳔들의 덕성을 함양시키는 노래들이야 말로 하나님의 음악을 잘 정의한 말이다.

(1) 세상음악을 사랑하지 말자.

세상의 학자들은 음악이 대단히 강력한 힘을 가졌다고 이미 증명하였다.

첫째로 음악은 관념과 생각을 전달해 준다. 그리고 우리의 생각을 주장하며 나가서 우리의 영혼을 지배한다. 루시퍼가 소유한 힘, 그가 음악을 가지고 부정적으로 역사할 수 있는 능력을 생각해 보라. 그리고 우리의 음악이 예수 그리스도의 몸과 하나님의 나라를 세우는데 있어서 긍정적으로 역사할 수 있는 잠재적인 능력을 생각해 보라. 이 세상의 음악들이 우리의 마음을 지배한다는 것을 안 이상 우리들이 어떤 음악을 들어야 하는 것은 매우 심각한 문제이다.

한 아름다운 소녀에 대한 노래를 듣는 것이 잘못되었다는 말이 아니라, 추잡하고 더러운 루시퍼를 찬미하는 노래들이 거듭난 크리스쳔의 인생 가운데서 자리잡지 못하도록 해야 한다는 것이다. 하나님은 음악의 영역에 분명한 선이 존재하시기를 원하시며 그 가운데서 우리가 정결하게 행동할 것을 원하신다. 그리고 이렇게 말씀하신다.

"이 세상이나 세상에 있는 것들을 사랑치 말라 누구든지 세상을 사랑하면 아버지의 사랑이 그 속에 있지 아니하니 이는 세상에 있는 모든 것이 육신의 정욕과 안목의 정욕과 이생의 자랑이니 다 아버지께로 좇아 온 것이 아니요"(요일 2:15-16).

성경은 또 이렇게 말한다.

"그리스도의 말씀이 너희 속에 풍성히 거하며 모든 지혜로…" (골 3:16).

당신은 음악 안에 거하고 있는 것 만큼 말씀 안에 거하고 있는가. "시와 찬미와 신령한 노래를 부르며 마음에 감사함으로 하나님을 찬양하고"(골 3:16). 여러분은 성가대로서 찬양하는데 부름을 받았다.

그러므로 우리들의 노래(찬양)는 성경의 내용들을 많이 포함해야 한다. 이러한 음악(찬양)이 바로 하나님의 음악이다. 우리가 세상의 음악에 관여하는 것을 하나님께서는 원치 않으신다는 것은 확실한 사실이다. 또한 하나님께서는 우리가 태도를 분명히 하기를 원하고 계시며 우리들이 건전하고 선하며 순전한 음악을 듣기 원하신다(찬양, 찬송가).

크리스천 음악인(성가대, 성악가)들이며 당신은 세상 음악을 사랑하고 있는가. 당신은 세상의 음악가들을 모방하거나 그들처럼 연주하려고 노력하고 있지는 않은가? 하나님은 당신에게 이렇게 말씀하신다. '누구든지 세상을 사랑하면 아버지의 사랑이 그 속에 있지 아니하니' 이 말씀은 매우 중요한 말씀이다. 하나님은 우리들이 건전하고 깨끗하며 성도들의 덕성을 함양시키며 예수님을 볼 수 있게 되기를 원하신다.

이중의 의미를 가진 노래들, 즉 이렇게도 저렇게도 해석되는 노래를 통해서는 예수님을 볼 수 없다. 하나님에 대한 언급이 없는 사랑의 노래, '당신의 부드러운 손길을 사랑합니다.' 라는 노래는 그리스도를 금방 연상하지 못할 것이다.

세상적인 사람들은 대부분 그러한 가사를 들을 때 성적인 것을 생각하게 될 것이다. 비록 그들이 당신이 크리스천임을 알고 있다 할지라도 하나님에 대해서 노래한다고는 생각하지 못할 것이다. 그러므로 우리는 사람들이 마음 속에 무엇을 심어줄 것인가에 대해 매우 신중해야 한다. 하나님께서는 우리들이 예수님을 찬미하는 노래, 순결한 노래, 성도들의 덕성을 높여주는 노래를 부르기 원하신다.

어떠한 음악이 하나님께 속한 음악인가? 어떠한 음악이 세상에 속한 음악인가? 이렇게 질문해 볼 때 답은 분명해 진다.

이 노래(찬양)는 누구를 혹은 무엇을 찬미하고 있는가, 세상에 속한 노래인가, 육에 속한 노래인가 또는 마귀에 속한 노래인가를 구별할 때 진정한 해답을 얻게 될 것이다. 하나님의 음악은 예수님을 찬양하고 서로의 덕성을 높여주는 음악이다.

순결한 일들을 생각하라. 그리고 건전한 음악을 들으라. 그러면 더 행복하고 더 슬기로운 생활을 하는 크리스천이 될 것이다.

4) 교회음악은 부흥의 상징음악

교회안에서 성가대 찬양과 성도들의 찬송이 울려 퍼지는 기쁘고 즐거운 음악은 항상 회복과 기쁨의 상징이 되어왔다. 회복이란 어떤 것을 원래 상태대로 다시 세우거나 돌아오게 하는 것이며 부흥 역시 원래의 상태로 되살리거나 되돌아 오게 하는 것을 말한다. 죽었던 것이 되살아나는 것이요, 잃었던 것이 재발견되는 것이다. 부흥이란 갱생, 즉 다시 태어나는 것을 말한다. 음악은 항상 부흥과 연결되어 왔다. 교회사를 보면 교리적 진리가 회복될 때마다

음악사역이 회복되었던 것을 알 수 있다. 그리고 성경말씀에 대한 새로운 계시가 밝혀질 때마다 교회 안에서의 음악 사역도 새롭게 발전하였다. 그 이유는 무엇인가? 그것은 음악(성가대 찬양)은 내면적인 거듭남에 대한 외부적인 반응이기 때문이다. 이러한 사실은 종교개혁 시대에 명백히 나타나고 있다. 하나님 말씀에 대한 지식과 계시의 증거와 함께 새로운 찬송들이 쏟아져 나왔다. 말씀에 대란 분명한 이해가 상실 되었던 암흑시대에는 교회 안에 음악도 존재하지 않는다. 오직 성직자들만이 그들의 기도송을 읊는 것이 허용되었을 뿐, 일반 성도들은 교회에서 노래하는 것이 금지되었다. 마틴 루터가 "의인은 믿음으로 말미암아 살리라."는 로마서 1:17의 말씀을 계시로 받았을 때 교회 안에는 영적인 거듭남(기도, 찬양 말씀)이 솟구쳤다.

사람들은 그때야 비로소 하나님의 아들을 믿음으로 말미암아 구원되어 진다는 것을 깨닫게 되었다. 그리고 거기에 부흥이 따르자 교회에서는 새로운 노래들이 쏟아져 나왔다. 그 당시 교회들은 사도시대 이후 처음으로 다시 노래(찬양)를 부르게 되었던 것이다. 루터는 그시대의 화성과 리듬을 사용해 평민들도 쉽게 부를 수 있는 찬송을 만들었다(찬송가 384장 내 주는 강한 성이요). 이러한 곡은 마틴 루터가 종교개혁에서 분투와 승리로 나타내었다. 그러므로 교회 안에 진리가 회복될 때 음악은 회복이 있었다는 것은 분명한 사실이다. 금세기로 성령이 캘리포니아 주에 크게 임했을 때도 교회 안에서는 새로운 노래들이 탄생하였다. 사람들은 찬양을 하기 시작했으며 거기에 따른 음악사역도 거듭남이 있었다(즉 성가대, 음악목사, 찬양가). 그리고 다섯 가지 직분 즉 사도, 예언자, 부흥사, 목사, 교사로서의 사역과 안수에 대한 진리가 회복되었던 1950년대 초대교회 안에는 새로운 음악들이 탄생하였다(예배를 돕기 위한 전문 성가대 및 독창자).

  크리스천들은 성경구절을 노래로 만든 찬양을 부르기 시작하였으며 처음으로 성령안에서 노래 부르기 시작했다. 큰 목소리로 주님을 예배할 때, 주님의 이름을 찬양하는 노래를 부를 때, 많은 사람들이 전에는 결코 불러보지 못했던 새로운 노래들을 부르기 시작했던 것이다. 이 새로운 노래들은 교회에 은혜를 끼쳤으며 평안을 넘치게 하는 노래들이었다(성가대 찬양). 지금 우리가 부르고 있는 대다수의 찬양곡들은 이런 방식으로 만들어진 것들이다.

  우리는 다음과 같은 음악들을 교회 안에 회복시켜 주신 주님을 찬양해야 한다.

  시편가-성경 구절에 맞춘 찬송
  찬송가-교회의 성가
  영적인 노래-성령의 이끌림을 받아 불려지는 노래(은혜의 노래)

  구약시대에도 보면, 진리의 역사가 새로워질 때 음악 사역이 그 한부분을 차지하였던 예가 많이 있었다. 느헤미야의 부흥시대에도 음악이 등장한다. 예루살렘 성을 재건한 후 느헤미야가 행한 첫 번째 일 가운데 하나는 노래하는 자들을 세운 일이었다(성가대 및 독창자).

  "성이 건축되매 문짝을 달고 문지기와 노래하는 자들과 레위 사람들을 세운 후에…"(느 7:1).

4. 예배음악

1) 예배와 음악

예배와 음악은 하나님께서 기뻐하시는 일로 예배시간에 찬양을 드리고 찬송을 부르는 것으로 예배는(Worship) 특별한 존경을 받기에 합당한 어떤 개인에게 그것을 돌려 드리는 것이다.

성경말씀에 용어로서 구약은 솨하(Shahah)와 신약의 프로수쿠레오(πpookuvew)라는 헬라어인데 겸손히 엎드리는 경배의 의미를 갖는다. 그리고 예배는 외형적 행동 이전에 그 대상이 하나님을 인정하는 섬김이 본질적인 의미다.

예배란 개념을 성경말씀에서 하나님께 경배하는 찬송이라 할 수 있다. 찬송이 없는 예배는 예배가 아니며 찬송은 예배의 보조역할이 아니다(즉 악세사리가 아니다). 그와 비슷한 성가대도 악세사리가 아니다. 그러므로 예배와 찬송이 되어야 하며 찬송이 곧 예배되어야 한다. '찬송을 받으실 대상은 하나님이시지, 모든 성도가 아니다.' 하는 것을 깨달아야 하고 삼위일체이신 하나님은 영광스러운 하나님이시다. 예배의식에는 우리 인간의 생각보다 높이 정신과 모든 목적을 감화시킬 수 있도록 정확하게 표현을 나타내는 것이다.

예배자들은 찬양을 통하여 하나님께 영광과 존귀를 높이 찬양하며 축복에 대한 말씀을 듣고 깨달으며 하나님의 사랑과 순종 그리고 감사의 정신으로 나타내는 큰 역할이 바로 예배다.

"예수로 말미암아 항상 찬미의 제사를 하나님께 드리자. 이는 그 이름을 증거하는 입술의 열매니라"(히 13:15).

그리스도로 말미암아 찬송이 제물되었으며 그리스도의 속죄 사역이 찬송의 완성을 가져왔다. 그러므로 그 이름으로 증거하는 입술의 열매가 되게 하심은 큰 은혜이다. 그리스도의 피로 죄 씻기운 우리는 예수님을 향한 굳은 마음으로 하나님만을 찬양하고 간구하며 감사드려야 하는 것을 알아야 한다.

찬송은 예배시 부를 때 하나님의 영광에 직접적인 노래로서 다른생각 자리정돈 등 의미없는 찬송은 하나님께 은혜롭지 못하며 혹 잠을 깨우는 찬송도 될 수 없다. 예배는 계시에 대한 응답이며 찬송은 성경에 합당한 말씀을 시와 찬미로 하나님께 영광돌리는 언사로 사용해야 한다.

"아버지께 참으로 예배하는 자들은 신령과 진정으로 예배할 때가 오나니 곧 이때라 아버지께서는 이렇게 자기에게 예배하는 자들을 찾으시느니라"(요한 4:23).

교회는 예배 개념을 성경말씀에(요 4:21-23, 롬 12:1) 그리고 그 본뜻은 로마서 12:1에서 "그러므로 형제들아 내가 하나님의 모든 자비하심으로 너희를 권하노니 너희 몸을 하나님이 기뻐하시는 거룩한 산 제사로 드리라 이는 너희의 드릴 영적 예배니라." 말씀하셨다.

예배하는 것은 이방적인 예배의식과 전혀 다른 하나님께 언약된 말로써 예배는 하나님의 계시에 의존하는 것이다(A. Kuyper Eneydopaedie der Heillige Godgeleerdheid, Deel Drie Amsterdam J. A. Wormeser, 1984인용).

◆ 예배음악은 5가지를 갖추어야 한다. ◆
① 예배음악은 경건하고 진실해야 한다.

② 예배음악은 감사하는 마음으로 찬양해야 한다.
③ 예배음악은 영적으로 찬양해야 한다.
④ 예배음악은 흠 없어야 한다.
⑤ 예배음악은 아름답고 기쁨이 넘치는 은혜로 받아야 한다.

(1) 예배와 음악과의 관계

예배와 음악과의 관계는 모든 인간의 철학과 학문을 떠나서 가장 가깝게 쉽게 찾아서 얻어지는 영혼의 구원요소이다. 예배는 하나님께 의한 행위며 음악은 우리의 마음을 은혜롭게 다스려 영으로 찬양드릴 수 있는 시간을 말한다. 그러므로 음악의 예배 개념은 하나님 앞에 감사함과 찬송으로 들어가서 하나님께 감사하며 그 이름을 송축하리라(시편 100:4).

신약에는 하나님께 영광의 찬송되게 하시며 그의 영광을 찬미하려하게 하신다(엡 1:6).

영광의 찬송이란 하나님과 인간관계가 정확히 계시되어 있다(사 43:21).

◈ 예배음악의 개념 ◈
① 기독교 음악은 예술형식보다 종교생활의 예배기능
② 음악은 예배음악 자체가 가장 고귀하다.
③ 하나님께 드리는 예배음악은 몸과 마음 드리는 산제사
④ 예배음악을 통하여 전능하신 하나님의 영광을 높이 찬양한다.
⑤ 예배음악은 기능적인 수단으로 사용한 것은 아니다.
⑥ 하나님께 드리는 예배는 긍정적으로 받아드려야 한다.
⑦ 하나님께 드리는 예배음악은 아름답다.

⑧ 예배음악은 영적으로 통한 언어의 음악 예배이다.
⑨ 예배음악은 성도들에게 큰 역할을 한다.
⑩ 음악예배는 신앙에 바탕을 둔 정신적인 순수한 영혼의 갈길을 인도하는 것이다(주 하나님께).

(2) 교회음악이 인간에 미치는 영향
하나님께 찬양을 드리므로 다시 우리가 돌려받는다.
① 음악과 설교를 통하여 하나님이 함께 하심을 느끼게 한다.
② 음악예배는 경건된 마음으로 성도들의 일상생활에 필요한 신앙간증이기도 하다.
③ 음악은 신앙심을 북돋으며 신앙의 체험을 가지게 한다.
④ 음악예배는 마귀들과 싸울 때 힘과 용기를 주신다.

(3) 예배음악과 역사적 의미
가. 초대교회의 예배음악
① 초기 기독교 예배는 비밀리에 예배의식을 가졌으므로 모든 신도들의 예배중심은 성경봉독과 운문 가사를 지닌 단성 성악 중심이다.
② 초기에 예배음악은 유대교의 음악에서 많은 영향을 받았으며 멜리스마적 형태의 낭송 조직의 노래들이었다. 유대교의 예배의식에서 기도와 성경봉독할 때 시 창조로 낭송하는 솔로 노래형식으로 받아지고 있다.

초기에 기독교에서 가장 중요한 것은 예배를 드릴 때 시편을 노래하는 것과 같이 성서를 읽는 일이었다.
구약성서의 처음 5서(창세기, 출애굽기, 레위기, 민수기, 신명기)와 예언서에서 일련의 낭송을 해마다 되풀이 하도록 정해진 순서로 배열하는 순서로 실시되고 있다. 그때마다 성서 낭창은 시편 113편을 여러번 낭창했다.

초기 기독교 가톨릭 음악에 큰 영향을 끼친 시대에는 히브리어와 헬라어 음악으로 멜로디 형식으로 12세기경 악보화되었다. 매일 3회 예배를 가졌으며 기원후 1세기 경에는 아침 예배 오전 7시~9시, 오후 3시~4시, 저녁은 잘 알려지지 않고 안식일 아침에는 시편 84:4 "주의 집에 거하는 자는 복이 있나니 저희가 항상 주를 찬양하리이다. 셀라."

시편 146-150편까지 (할렐루야 편) 성서 낭창을 하였다.

2) 중세교회의 예배음악

제1기 (초기 중세음악)
① 중세음악은 8세기 부터 12세기까지 나누며 중세는 주로 3기로 나눌 수 있다.
1기 8~10세기(초기중세)
2기 11~12세기-로마네스크 시대
3기 13~14세기-고딕시대
② 다성음악 양식
중세음악은 900년부터 1300년까지며 800년 이전시대를 고대, 1300년 이후를 근대적 시기로 보고 있다. 400년과 600년 사이에 로마제국 말기 게르만 민족의 대거 이동은 4세기 후반부터 시작하여 5세기까지 더욱 격심해졌다. 그러므로 유대교의 전통을 받아들여 각국 방언적 성가(갈리칸-프랑스, 모자라비-스페인, 암브로즈-밀라노)가 이때부터 세속음악이

성행하게 되었다.

새로운 음악 신예술과 교회의식을 향하는데 보조역할을 하였다. 중세는 신생국가가 각 지역에 형성되고 기독교적 게르만 문화가 성장하여 갔다. 로마 가톨릭 교회가 세력이 신장되면서 그레고리아 1세의 Chant가 통일 개편되고 무반주 다성리듬의 성가가 완성 되고 창가학교가 수도원에서 널리 퍼졌다. 성가와 씨큐엔시아(Sequentia) 트로프스(Tropus)같은 양식이 생겨났는데 속창은 Jubilus(Alleluia성가 끝에 생기는 Melisma)에 산문가사를 삽입하는 것으로 일반성가에서 분리하여 Tropus기준으로 성가나 시구 사이에 새로운 노래로 이루었다.

그때 유명한 음악가 훅발드(Hucbald840-930)라는 음악이론가는 특히 Organum이라는 복음악의 초보적 창법을 창안해 냈다.

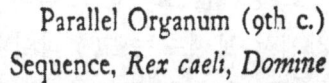

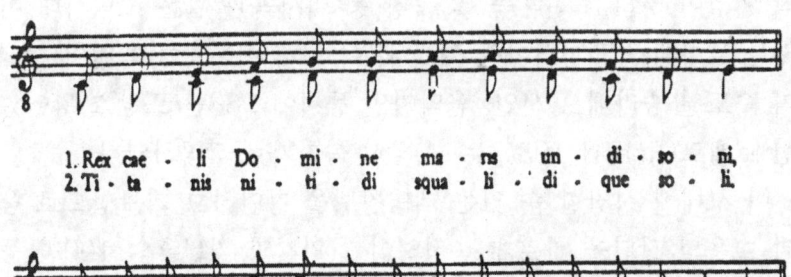

4. 예배음악 /63

제2기 (로마네스크)시대

중세 2기는 11, 12세기 프랑스와 유럽건축 양식 중심으로 로마네스크 시대라고 하는 Roman적 시대였다. 독일에서는 13세기 중엽까지 서구 예술양식을 일컫는 말이었다. Karolineh왕조시대부터 Gothic시대인 중세후기 중간 10세기 말부터 12세기 중엽까지 이태리 북부와 프랑스에서 일어난 양식이 독일 북유럽까지 퍼졌다.

이 시대 건축된 성소는 성소피아(St. Sophia) 대성당, 그리고 라벤나의 성 비탈레(st Vitale) 성당 베네치아의 성마르코 성당(St. Marco) 등에서 화려한 성당 내부장식이 나타나며 신비한 모자이크 벽화로 그리스 정교 비잔틴 문화의 상징으로 발칸반도 러시아 및 동구권의 슬라브 세계로 퍼졌다. 이 시대의 신앙의 요소들은 예배 형식이 없고, 즉흥적이고 다양하며 민족언어 문화 특성, 사회정치 요인으로 작용하여 시간이 흐름으로 교회 특성을 갖추어서 이상적인 형식으로 예배를 드렸다. 이때 그레고리아 성가는 로마테스크 양식으로 성가는 조용하고 엄숙하며 자유롭고 율동적이며 예레미아 애가에서 보여주는 고형적이며 단조하면서 세속적 인상이 강하고 진혼곡 및 속창 등 미사곡과 같은 고딕시대 이후는 로마네스크 정식이라 하겠다. 이 시대 이론가는 독일어 저술가 수도원 승라베오 시인, 음악가인 동시에 966년 프랑스 왕이었던 로베르(Robert 1031)로 그 당시 속창가로 작곡하였다.

이 시대에 시창할 수 있는 계명창법을 창안하고 기보법으로 음과 그음의 장단을 바르게 측정하여 기원전과 기원후의 100년 동안 행해지고 있으며 서양음악은 9세기 말에 시작되었다(이 시대 지휘법 창시자는 귀오 다래죠 Guido D Arezzo).

11세기 부터 13세기 동안에 세속음악과 종교음악의 불확실한 것을 구별하여 보여주었다. 이 시대는 세속적이든 종교적이든 비종교적 라틴어로 시작하였다. 그리고 12세기 부터는 모테트를 사용한 교회 합창음악이 가톨릭 교회 전용으로 무반주 합창곡으로 나타나고 독창용, 기악 반주용도 일정하지 않다.

  1200년경에 프랑스에서 테너가 그레고리 성가의 선율로 폭넓게 노래하는 대신 정선율이 처음부터 주어지며 2성과 3성으로 각 성부가 따로따로 리듬과 가사를 가지게 되었다.

제3기 (고딕시대)

13세기 부터 14세기까지며 이 시대를 고딕시대라 한다.

이 시대는 14세기 즉 Ars Nova 신예술 시기라 한다. 중세 마지막 시대로서 이후부터는 르네상스 시대이다.

그레고리아 전성기는 사양길로 접어들어서 파리악파와 다성음악이 순수했던 단성 성가는 점차 사라지고 교회음악은 가톨릭 교회가 모든 문화에 뿌리가 되어 결국 성가가 새로운 다성 음악으로 부여주고 있으며 하나하나 세속음악으로 발전해 나가고 있다. 과거는 2성 오르가눔 이었으나 3성~4성으로 발전시켜 모테트 형식으로 이루었다.

그 당시 모테트의 발전 동기는 문학적 생활을 담은 무용곡, 사랑의 노래, 대중적 노래 등 혼돈을 일으키게 되었다. 이 시대 유명한 작곡가는 란디니(Landinl) 2성부의 Ballat 90여곡과 3성 빌레라이 50곡, 마드리갈 12곡을 종교적 가사에 곡을 붙였다.

3) 종교개혁의 예배음악

① 자국어로 회중 찬송을 만들었다.
② 새로운 찬송가 시편가를 만들었다.

③ 예배를 위한 성가와 오르간 음악이 시작되었다.
신도들의 합창음악은 오르간으로 사용하고 17세기부터 회중찬송은 단성 무반주였다. 이 시대 Organist의 명연주가 개인적인 예술일 경우에 예배와 교리가 위배되어 한때 소란한 반대소리가 높았다.

이때 예배음악은,
① 성서만으로
② 신앙만으로
③ 만민제사(은혜의 수다)

이러한 예배의식은 교회음악의 서민화를 계획했으며 Pro-testant Chorale의 기초를 다지는 성서 식분 독일어로 음악과 문학사상 큰 업적을 남긴 사람은 Martin Luther이다.

(1) 예배시 성가대 중요성

느헤미야는 예배 가운데서 음악이 차지하는 중요성을 알고 있었다. 즉 음악이 예배를 회복시키는 한 부분임을 알고 있었던 것이다. 노래하는 자들은 교회 사역에 필요한 한 부분이었다. 이 노래하는 이들은 예배의 회복에 있어서 중요한 몫을 담당하였다. 느헤미야는 음악이 교회안에서 크게 차지하는 위치에 세웠던 것이다 (성가대 중 각 파트별).

"온 회중의 합계가 사만 이천 삼백 육십명이요 그 외에 노비가 칠백 삼십 칠명이요 노래하는 남녀가 이백 사십 오명이요" (느 7:66-67).

"노래하는 자 아삽 자손 곧 미가의 현손 맛다냐의 증손 하시뱌의 손자 바니의 아들 웃시는 예루살렘에 거하는 레위 사람의 감독이 되어 하나님의 전 일을 맡아 다스렸으니 이는 왕의 명령대로 노래하는 자에게 날마다 양식을 정하여 주는 것이 있음이여"(느 11:22-23; 오늘날 성가대 점심을 대접함을 말함).

노래하는 자들은 교회의 사역자로서 성도들의 십일조에 의해 사례비를 받았다(느 13:5). 그리고 그들은 대부분의 시간을 예배드리고 작곡하고 악기를 연주하며 하나님을 섬기는 일에 헌신하였다. 또한 성전예배를 위해 악곡을 편곡하고 연습하고 지휘하는 일에 많은 시간을 보냈을 것이다(성가대 지휘자 및 반주자). 제사장 여호야다가 하나님 전에 예배사역을 회복하여 유대나라에 부흥이 일어났을 때 여호야다는 교회 안에서 음악의 중요성을 인식하여 많은 음악가들과 노래하는 일들을 세웠다(성가대 연습).

(2) 우상 숭배의 노래

"여호야다가 여호와의 전의 직원을 세워 제사장 레위 사람의 수하에 맡기니 이들은 다윗이 전에 그 반차를 나누어서 여호와의 전에서 모세의 율법에 기록한대로 여호와께 번제를 드리며 자기의 정한 규례대로 즐거이 부르고 노래하게 하였던 자더라"(대하 23:18).

여호야다는 모세의 율법에 기록된 바와 같이 하나님께서 명령하신 방식대로 그리고 다윗이 제정한 규례를 따라 예배절차를 정립하였다. 이것이야 말로 하나님의 말씀으로 돌아가는 것이요, 잃었던 진리로 돌아가는 것이었다. 이스라엘이 우상숭배의 죄에 빠졌을 때 제일 먼저 잃어버렸던 일은 음악사역이었다.

우상숭배와 음란이 있는 곳에 우울증이 찾아오며 기쁨이 사라지게 된다. 또한 하나님의 예언적 노래들은 더 이상 백성의 입에서 흘러나오지 않게 된다. 이러한 일이 일어날 때 하나님의 기름부음과 하나님의 임재는 사라져 버린다. 이것을 매우 명백하게 증명해 주는 이스라엘의 역사 중의 한 사건이 있다. 모세가 시내산에 있었을 때 이스라엘 백성들은 모세를 기다리다 지친 나머지 몹시 초조해져 있었다. 왜냐하면 그들은 하나님이 자기들은 떠났다고 생각했던 것이다. 그래서 아론에게 자신들을 위한 신을 하나 만들어 달라고 요구하며 금과 보석을 모아서 금송아지를 만듦으로 자신들의 우상으로 섬기기 시작했다. 그리고 모세가 두 돌판을 가지고 산에서 내려왔을 때에도 백성들은 금송아지를 돌며 춤추고 노래하고 있었다.

"여호수아가 백성의 떠듦을 듣고 모세에게 말하되 진중에서 싸우는 소리가 나나이다 모세가 가로되…나의 듣기에는 노래하는 소리로다 하고"(출 32:17-18).

백성들이 부르는 노래 소리는 너무나 혼란스럽게 어지러워 여호수아에게는 마치 전쟁의 환난과 고통의 소리처럼 들렸다. 여호수아는 세상의 음악이나 육의 음악 모형인 애굽의 음악을 전혀 알지 못하고 있었으나 애굽으로부터 온 모세는 그것을 정확히 알고 있었던 것이다. 이스라엘 백성들이 우상숭배로 인해 제일 처음 잃게 된 것은 기름부음을 입은 음악사역과 그 음악이 가져다 주는 도화였던 것이다.

(3) 음악(찬양)으로 회복시키다.

하나님께서는 히스기야 시대에 그의 나라 이스라엘을 다시 부흥시켰는데 당시 가장 먼저 회복되었던 일은 하나님의 노래와 그 음악 위에 하나님의 기름부름이 임하였던 것이다. 여호와를 경외한 히스기야왕은 느헤미야가 했던 것처럼 노래하는 이들과 음악들을 세우는 일을 하였다.

"왕(히스기야)이 레위 사람을 여호와의 전에 두어서 다윗과 왕의 선견자 갓과 선지자 나단의 명한대로 제금과 비파와 수금를 잡게 하니 이는 여호와께서 그의 선지자들로 이렇게 명하셨음이라"(대하 29:25).

위의 성구는 하나님께서 그의 선지자들을 통해서 음악사역의 중요성을 나타낸 것이며 음악사역은 다윗의 성전에 행해졌던 것과 똑같이 하나님의 양식대로 행해져야 한다는 점을 명백히 지적하고 있다. 하나님께서는 음악을 중요하게 여기신다.

"레위 사람은 다윗의 악기를 잡고 제사장은 나팔을 잡고 서매 히스기야가 명하여 번제를 단에 드릴세 번제 드리기를 시작하는 동시에 여호와의 시로 노래하고 나팔을 불며 이스라엘 왕 다윗의 악기를 울리고 온 회중을 경배하며 노래하는 자들은 노래하고 나팔 부는 자들은 나팔을 불어 번제를 마치기까지 이르니라"(대하 29:26-28).

히스기야왕은 다윗 왕처럼 하나님을 섬기는데 열심을 가지고 있었다. 그는 모세의 율법을 알고 있었으며 다윗의 규례와 예언자 나단의 예언들을 알고 있었다. 그는 또 하나님의 전에서 어떻게 예배드려야 하는가를 알고 있었다. 이것은 교회의 거듭남이라고도 볼 수 있다. 음악은 하나님의 백성들 안에서 일어나는 거듭남의 증거이다. 주의 백성들은 새로운 진리의 계시를 얻을 때마다 새로운 기쁨의 노래를 체험하게 될 것이다. 그러므로 찬양하기를 즐기고 교회는 영적으로 살아있는 교회가 되며 기쁨과 감사가 넘치는 음악을 연주하는 사람은 예수님에 대한 새로운 계시를 받은 음악이라고 할 수 있다(선택받은 성가대원).

4) 예배의식을 위한 음악

그레고리아 성가의 배경에는 두 개의 간단한 개념들이 자리잡고 있다. 하나는 칸틸레이션에 나타나는 높이 과장하여 읊은 말이고, 다른 하나는 성경 구절 또는 신앙적인 시에 맞추어 자유롭게 작곡한 노래들이다. 빙하의 발전과 같은 그러한 진행과정에 의해서 이러한 근본적 원리들이 매우 조심스럽게 경건하게 짜여진 예배의식 속에 자리잡게 되었다. 그 예배의식의 각 부분은 교회력에 의거하는데 거기에는 예배 진행의 모든 양상이 가장 세미한 부분들에까지 자세하게 설명되어 있다. 형언할 수 없을 정도로 증가된 중세 예배의 엄숙함은 세속적, 영적 영향력의 산물이었다.

교회는 찬양(성가대)의 제사가 하나님의 대사로서 교회가 갖는 하나님의 영광과 위대하심을 반영하기를 바랄 뿐 아니라 능력있는 정치적 힘을 발휘하는 교회의 지위에 어울리는 화려한 의식도 필요로 했다. 예배의식의 화려함이 명백히 보이는 예배는 만과와 조과이다.

(1) 만과(Vespers)

만과(Vespers)는 단구(Versicio; 인도자(사회자)의 선창에 따라 성가대나 회중이 따라하는 기도)로 시작되며 시편 70:1로 응답을 한다(성시 낭송을 말함). 또 다섯 개의 시편이 계속되는데 각 시편은 개개의 교송(Antiphon 시편을 낭송하기 전 후 부르는 간단한 음악으로 특히 음절을 강조하여 만든 곡, 즉 아멘송을 말함, 보통 두 성가대가 응답형식으로 부름)을 갖고 있다. 그 다음 찬송을 부르는데 예배의 정점에 이르게 하는 마그니피카트(Magnificat)를 노래한다. 시편과 마찬가지로 마그니피카트도 역시 교송으로 시작하고 끝나는데 마그니피카트는 마리아의 노래이므로 소위 말해서 마리아교송(Marian Antiphon)이라 부른다. 의식의 중요성은 특히, 교회력이 있는 엄숙한 축제들의 중요성은 이러한 교송의 멜로디가 더 많이 불려지는 것으로 상징되었다. 많은 교송들이(흥미롭게도 지금은 본래의 시편으로부터 독립되어 불리지만 만과에서 기도와 함께 계속되며 예배는 마지막 단구들과 응답들로 마쳐진다. 그러한 공교한 음악은 특히 멜리스마(Melisma 한 개의 음절 시에 여러개의 음을 붙여 노래하는 장식 성악가 독창) 곡은 일반 회중들이 따라서 부르기에는 이제 불가능하게 되었고, 수도원의 훈련된 성가대나 성당 또는 대학 성가대의 소유물이 되었다.

교회 안에서 미사의 상대적인 엄숙함은 미사를 드리는 장소와 환경에 따라 변한다(예-부활절, 성탄절 또는 오순절에 따르는 의식이나 음악은 특별히 화려하고 장엄하게 된다). 예배의 세부사항은 지역적 특성에 따라 변화를 주는 것이 허락되었는데, 예를 들어 영국에서는 샤롬의식(sarum 종교개혁 전에 영국 솔즈베리(salisbury)에서 거행된 솔즈베리식 예배)이 13세기 부터 종교개혁 때까지 널리 퍼져나가며 사용되었다. 장소에 따라 인적, 경제적 자원의 차이가 심했지만 예배를 드리는 기본 형태는 대략 같은 맥락에 있었다. 촌락에 있는 교회에서 축하 예배를 드리듯이 프랑스에 있는 클뤼니(cluny) 수도원이나 영국에 있는 솔즈베리 대성당에서도 축하예배가 진행되었다. 미사 통상문에 사용되는 변하지 않는 본문들은 고전음악을 듣는 사람에게는 친숙할 것이다.

많은 작곡가들이 600년 동안, 그 본문들을 미사곡의 형식으로 사용해 왔기 때문이다. 그러나 기독교가 시작된 처음 몇 백년 동안에는 이러한 예배시에 사용되는 문구들은 전회중의 성가(찬양) 형식으로 말을 하도록 고안된 것이었다. 미사 고유문은 스콜라 카토룸(Schola Cantorum) 중미의 수도원, 성당 등에 부속된 성가학교 지금의 전문교회 음악대학의 대의원들 또는 기량이 뛰어난 몇 명의 탄토르로 구성된 그룹이 부르기에 더 적합했다. 교회음악을 가르치는 학교에서는 점차적으로 음악의 창조성을 미사 고유문에서 더 복잡하지만 수준이 있는 예술 음악으로 발전시켰다(수준 높고 은혜 많은 성가대를 말함). 새롭게 변화된 음악은 서양 음악의 발전에 기초를 마련한 다성음악(polyphony)에 의해 그 독특한 화려함을 갖게 되었다.

5) 예배에 사용된 시편음악

시편만이 성전에서 불렸던 노래는 아니었지만 성경 속에 있는 시편들은 예배의식에 있어서 상당히 중요한 위치를 차지하고 있었으며 또한 그 시편의 노래들이 어떻게 소리를 내었는가에 대한 많은 자료들을 제공하고 있다. 탈무드는 일주일 동안 하루마다 성경을 잃고 노래 부르기에 알맞은 시편들을 소개하고 있다.

첫째날 : 시편 24편
둘째날 : 시편 48편
셋째날 : 시편 82편
넷째날 : 시편 94편
다섯째날 : 시편 81편
여섯째날 : 시편 93편
안식일날 : 시편 92편

150편으로 구성된 시편이란 책은 오랜 기간을 걸쳐서 편집되었다. 현재 우리가 갖고 있는 시편의 형태는 포로기 이후 아마도 성전이 재건된 이후에 편집된 것으로 생각된다. 시편에 붙어 있는 몇몇 표제들은 예를 들어 아삽의 시 또는 고라 자손들의 시, 대대로 내려오는 특정한 음악인들의 조직체에서 사용했던 레퍼토리였음을 나타낸다. 다른 표제들은 그 시편들을 반주하는데 사용된 특정한 선율(역시 환기시키는 이름을 가진 인도의 라가(Raga)와 다립의 마카마(Magamat)와 비슷한 것)을 나타낸다.

　탈무드와 많은 시편의 표제들은 레위 사람들이 반주를 붙여 노래했던 것을 나타내는데 특히 반주는 종종 줄을 뜯어서 소리를 내는 악기로 연주되었다. 음악적 구성은 시편의 예식적 구분에 의해서 정해진다. 휴지부가 오는 경우에는 나팔을 불었다. 이러한 휴지부는 때로는 쉼으로 번역되는 '셀라(Selah)'라는 말로 표시했다.

　시편 속에 나타나는 이러한 음악적 부호(기호)들을 정확하게 파악하는 것에는 항상 의심의 여지가 있다. 그러나 시편의 시 자체의 구조들은 어떤 실마리를 제공한다. 첫째로 히브리 시대 흔하게 나타내는 대구법은 음악적으로 동등한 가치를 부여한다.

　"내가 새벽 전에 부르짖으며 주의 말씀을 바랐사오며 주의 말씀을 묵상하려고 내 눈이 야경이 깊기 전에 깨었나이다."

　유대교 예배 안에서 시적 구조에 대한 음악적 반응들이 발전했다. 여기에서 응답한다(To Respond)에 해당되는 히브리어 아나(무모)라는 말은 대단히 중요하다. 그 말은 다윗이 승리함을 축하하는 음악을 연주할 때 사용되었는데 오늘날까지 유대인들 사이에서 교송을 부를 경우에 사용되곤 한다. 탈무드는 응답의 개념에 대해 자세히 설명하고 있다. 그 설명은 몇 개의 가능성을 기술한다. 예를 들어, 한 명의 독창자가 한 절의 멜로디를 다 노래하면 나머지 노래하는 사람들이 같은 절의 절반을 되풀이하며 응답하는 방법을 설명하고 있다.

또 독창자와 나머지 노래하는 사람들(성가대)이 반절씩 나누어서 교송하는 것을 설명하고 있으며 또는 노래하는 사람들은 모두가 후렴을 각 절 다음에 노래하는 것으로 설명하고 있다. 마지막으로 독창자가 반절을 부르면, 배우는 것을 목적으로 하는 나머지 사람들이 독창자(지도자)가 부른 것을 따라 부르는 것에 대해 설명하였다. 회중(성도) 들이 함께 노래부르는 일에 참여하는 방법은 거의 없었던 것 같다. 성전의 성가대가 회중을 대신하여 노래했던 것이다.

(1) 올바르게 찬송을 지도하자.

히브리시는 운율을 따르지 않는다. 그리고 현대의 찬송시나 고전시에 있는 것과 같은 규칙적인 박자도 없다. 물론 히브리 시대도 강약의 음절이 있기는 하지만 그들의 리듬은 자유스럽다. 예루살렘 성경처럼 최근에 번역된 성경은 이러한 질적인 면을 표현하고 있다.

음악적인 리듬은 시 자체에서 얻어지며 규칙적인 박자에 대한 제한을 받지 않는다. 그리고 선율은 불규칙적인 절의 길고 짧음에 어울리도록 조절될 수 있다.

시편의 첫 서두에 있는 가락의 이름들은 한 짝의 짧은 멜로디의 악상으로 구성되어 있는데 하나는 처음 절반의 시구를 또 다른 하나는 두 번째 절반의 시구를 사용한다. 그것은 그레고리오 성가(Gregorian Chant)와 전혀 같지 않는 것은 아니다. 화성을 이루는 것은 대부분 없으며 단조로운 유니송 또는 4도 내지 5도가 사용되었다.

시편의 특성은 있었음에도 불구하고 음악적 구도가 놀라울 정도로 일관성 있게 그것도 삼천년 동안이나 유지되어 왔다. 단선율

성가(Plainsong) 성공회 성가(Anglican Chant) 좀 더 후대의 조셉 젤리노(Joseph Gelineau)의 작품들은 모두는 본래의 히브리시의 음악적 구조와 특징들을 나타내고 있다.

현대의 시편을 노래함에 있어서 무분별하여 확실히 다루기 힘든 새로운 것이라고 어느 작가가 불러 왔음에도 불구하고 히브리 시편의 구조와 아름다움은 음악인들에게 무시되거나 버려지기에는 너무나 강렬한 것이다. 시편은 확실히 유대음악과 기독교음악 모두를 계속해서 풍성하게 할 것이다.

5. 찬송의 의무

1) 찬송의 목적

(1) 하나님께 특별한 찬양

"여호와께 노래하며 그 이름을 송축하며 그 구원을 날마다 선파할찌어다"(시 96:2).

"주여 내가 만민 중에서 주께 감사하오며 열방 중에서 주를 찬송하리이다"(시 57:9).

"나의 평생에 여호와께 노래하며 나의 생존한 동안 내 하나님을 찬양하리로다"(시 104:33).

"우리 능력되신 하나님께 높이 노래하며 야곱의 하나님께 즐거이 소리할찌어다"(시 81:1).

"주여 내가 만민 중에서 주께 감사하오며 열방 중에서 주를 찬송하리이다"(시 57:9).

"오라 우리가 여호와께 노래하며 우리 구원의 반석을 향하여 즐거이 부르자"(시 95:1).

"그에게 노래하며 그를 찬양하며 그의 모든 기사를 말할찌어다"(시 105:2).

"내가 여호와를 찬송하리니 이는 나를 후대하심이로다"(시 13:6).

"여호와께 노래하라 너희는 여호와를 찬양하라 가난한 자의 생명을 행악자의 손에서 구원하였음이니라"(렘 20:13).

(2) 하나님을 찬양하리로다.

"나의 평생에 여호와께 노래하며 나의 생존한 동안 내 하나님을 찬양하리로다. 나의 묵상을 가상히 여기시기를 바라나니 여호와로 인하여 즐거워하리로다"(시 104:33-34).

"온 땅이여 하나님께 즐거운 소리를 발할찌어다. 그 이름의 영광을 찬양하고 영화롭게 찬송할찌어다"(시 66:1).

하나님을 찬양하는 가장 좋은 방법 중 하나는 음악을 통하여 영광 돌리고 우리의 가장 큰 목적은 창조주를 찬양하고 그분께 영광 돌리는 일이다.

그러나 우리 그리스도인이 불안과 초조, 근심, 걱정이 있을 때 오로지 의지할 수 있는 길은 찬양을 통하여 은혜받고 영광을 돌리는 것이다. 그러면 모든 괴로움이 사라지고 평안한 마음으로 뜻이 이루어진다. 우리는 감사 찬송을 하면서 항상 하나님께 감사드리며 은혜 받기를 바란다.

(3) 주님을 영화롭게

"너희는 여호와께 감사하며 그 이름을 불러 아뢰며 그 행사를 만민 중에 알게 할찌어다. 그에게 노래하며 그를 찬양하며 그 모든 기사를 말할찌어다. 그 성호를 자랑하라 무릇 여호와를 구하는 자는 마음이 즐거울찌로다"(대상 16:8-10).

거룩하심과 평화와 사람의 근원이심과 우리의 참 목자이심과 공의로우심과 진실하심을 널리 선포하여서 그분의 이름을 영화롭게 하기 위하여 찬양드려야 한다.

(4) 찬양으로 마귀를 물리친다.

예수님께서 사단을 물리쳐 이기셨기 때문에 찬양은 사단을 꼼짝 못하게 하는 능력이 있다.

"그 입에는 하나님에 존영이요 그 수중에는 두발 가진 칼이로다. 이것으로 열방에 보수하며 민족들을 벌하며 저희 왕들을 사슬로 저희 귀인들은 철고랑으로 결박하고 기록한 판단대로 저희에게 행할지로다."

세상에 권세 잡은 모든 악령의 무리들을 결박하여 쳐부수는 힘은 찬양에서 나온다. 찬양은 무한한 능력이다. 찬양의 효과는 영원토록 꺼지지 않는다. 하나님께서는 우리의 찬양이 감정과 믿음의 차원을 넘어서 하늘에 있는 능력과 연합하게 하신다.

주의 대적을 인하여 어린아이와 젖먹이의 입으로 나아오는 찬양이라 할지라도 찬양은 원수와 보수자로 하여금 잠잠케 하는 능력이 있다. 이 말씀은 "주여 누가 주의 이름을 두려워 하지 아니하며 영화롭게 하지 아니하오리까 오직 주만 거룩하시니이다 주의 의로우신 일이 나타났으며 만국에 와서 주께 경배하리이다"(시 8:2).

2) 찬양의 능력

(1) 찬양의 능력은 영원하다.

찬양은 우리로 하여금 영의 세계와 직접적으로 관련되게 하며 반역자들과 마귀의 권세를 사로잡게 하고 그들을 이겨 승리를 얻게 하면 이것이 바로 찬양으로 이루어지는 것이다.

"성도들은 영광 중에 즐거워하며 저희 침상에서 기쁨으로 노래할찌어다"(시 149:5).

우리는 육체 가운데서 찬양하고 있으며 그들은 영으로 찬양하고 그들은 천사들로부터 가르침을 받고 우리는 사람들의 가르침을 받았다.

우리는 믿음 안에서 행하고 때때로 하나님께서는 우리의 찬양이 감정과 믿음이 차원을 넘어서 하늘에 있는 능력들과 연합하게 하시고 우리가 영광 중에 있는 성도들과 하나가 되고 성도의 교제 가운데서 찬양을 하게 되어도 그 찬양은 믿음의 새로운 방향, 새로운 흐름, 새로운 깊이가 생기고 우리의 찬양 속에 새로운 능력이 따른다. 그러나 그 찬양이 얼마나 엄청난 무기인지…

"그 입에는 하나님의 존영이요 그 수중에는 두 날 가진 칼이로다"(시 149:6). 이러한 말씀은 성령의 검은 오직 성도의 손에 주어져 있고 우리 입을 토하여 하나님의 존영이 자유롭게 움직인 것이 성령과 말씀의 조화이다.

우리는 사랑하는 사람들 때문에 근심하지 말고 그의 구원을 위하여 찬양하라. 그것이야말로 좋은 것이다. 우리 방패이신 하나님께 할 수 있는 최고의 찬양을 드려라. 그리하면 하나님의 성령께서 우리에게 더 높은 찬양을 주실 것이다. 우리는 하늘로 들어올려 그곳에 있는 찬양하는 자들과 함께 승리의 찬양을 부를 것이다.

(2) 찬양을 방해하는 자들

"내 속 곧 내 육신에 선한 것이 거하지 아니하는 줄을 아노니 원함은 내게 있으나 선을 행하는 것은 없노라 내가 원하는 바 선은 하지 아니하고 도리어 원치 아니하는 바 악은 행하는도다"(롬 7:18-19).

우리에게 나타나는 큰 싸움과 내적 갈등이 바로 여기에 있다. 찬양에 대한 사실들이 잘 알려진 다음에도 역시 고통스럽도록 어렵다. 거기에는 찬양을 방해하는 것들이 있기 때문이다.

찬양하지 못하도록 그렇게 악하게 우리를 방해하는 세력들은 바로 마귀들이다.

　마귀들은 찬양의 가치와 찬양의 목적을 누구보다 더 잘 이해한다. 그리고 하나님 일을 헛되게 만드는 것이 그의 기본 목적이기 때문에 사단은 힘을 다하여 하나님의 자녀들이 아버지께 드리는 찬양을 막으려고 한다.

　사단은 언제나 우리에게 복종하게 된다고 가르치고 있다.

　"평강의 하나님께서 속히 사단을 너희 발 아래서 상하게 하시리라"(롬 16:20). "믿는 자에게는 너희가 내 이름으로 귀신을 쫓아낼 것이라고 보증해 주셨다."

　"마귀로 틈을 타지 못하게 하라"(엡 4:27).

　우리의 생각 속에 그가 들어올 수 있는 틈을 주지 말라. 그와 이야기 하지 말고, 그의 이야기를 듣지 말라. 사단이 우리의 마음에 접근하지 못하면 우리의 찬양을 방해하지 못한다.

(3) 찬양의 방해물은 죄다.

　"오직 너희 죄악이 너희와 너희 하나님 사이를 내었고 너희 죄가 그 얼굴을 가리워서 너희를 듣지 않으시게 함이니"(사 59:2).

　찬양을 받으실 하나님께서 거절하시거나 듣지 아니하시면 찬양은 거의 불가능하게 된다. 우리가 하나님께 찬양하고자 하여도 하늘이 마치 놋그릇 같거든 마귀를 꾸짖지 말고 죄를 회개하라.

　우리의 죄는 우리의 찬양으로 거룩한 손을 들고 나오라고 말씀하신다.

　"주를 깨끗한 마음으로 부르는 자들과 함께 의와 믿음과 사랑과 화평을 좇으라"(딤후 2:22).

　죄가 너희를 주관치 못하리니 이는 너희가 법 아래 있지 아니하고 은혜 아래 있음이니라. 우리가 먼저 죄를 해결하라. 죄를 숨기지 말라. 그것을 하나님께 드러내 놓으라. 죄를 고백하라. 하나님께서 우리 죄를 씻기시며 죄의 모든 자취를 제시하게 하라. 그때에야 하나님께 순전한 찬양을 드릴 수 있게 되며 새롭게 찬양하게 될 것이다.

사단은 우리의 죄 때문에 우리를 정죄 아래 두기 위해서 온갖 논쟁을 다 벌인다. 우리가 자기 정죄에 빠지게 되면 우리는 사단의 말이 사실이라고 시인하게 된다.

그러나 그 죄인들을 구원하신 하나님을 찬양해야 한다.

모든 죄의식이 약한 믿음의 결과만은 아니다.

우리가 스스로를 용서하지 못하기 때문에 생기게 되기도 한다.

더 이상 자신의 과거를 비난하지 말라.

그것은 우리의 현재가 찬양으로 가득찰 때 마귀를 파괴시킨다.

찬양은 우리를 향한 하나님의 명령이다. 우리의 잘못된 죄의식이 우리를 향한 하나님의 뜻을 헛되게 하지 못하게 하라.

하나님께서는 그들의 두려움 때문에 그들을 벌하고 계신 것이 아니다. 그들의 두려움은 그들로 하여금 하나님의 약속과 예비하신 것들로 들어가지 못하게 할 뿐이다.

사단은 우리의 찬양이라는 무기에 대항하는 가장 주된 무기로 두려움을 사용한다. 두려움은 우리가 우리를 보호하도록 하나님께서 주신 방어기제의 하나이다.

'하나님의 평화를 내게 허락하여 주옵소서. 나로 하여금 나의 창조자, 나의 방언자, 나의 구세주, 나를 성령으로 인도하신 하나님을 찬양할 수 있도록 성령을 허락하여 주옵소서.'

"사랑 안에 두려움이 없고 온전한 사랑이 두려움을 내어 쫓나니 두려움에는 형벌이 있음이라 두려워하는 자는 사랑 안에서 온전히 이루지 못하였느니라"(요일 4:18).

3) 영원한 찬양이란?

(1) 영광을 위하여

"인생은 그 날이 풀과 같으며 그 영화가 들의 꽃과 같도다. 그것은 바람이 지나면 없어지나니 그 곳이 다시 알지 못하거니와"(시 103:15-16).

오늘의 영웅이 내일의 낯선 사람이 된다.

"우리에게 우리 날 계수함을 가르치사 지혜의 마음을 얻게 하소서"(시 90:12).

우리 주 하나님이여 영광과 존귀와 능력을 받으시는 것이 합당하오니 주께서 만물을 지으신 지라. 만물이 주의 뜻대로 있었고 또 지으심을 받았나이다. 내가 내 영광을 위하여 만들었다고 말씀하신다. 찬양과 예배는 시간의 차원 속에 갇혀있는 사람들로 하여금 영원히 흐름 속으로 들어가게 된다. 우리는 하나님의 기쁨이 되기 위해 창조되었다.

찬양은 하나님을 기쁘게 하고 인간에 대한 목적을 달성하게 하기 위하여 영구적인 사역을 위하여 훈련받고 있으며 찬양으로 영원의 최고 기능 속에 동참하고 있는 것이다. 옛날 여리고성에서 승리의 소리를 울려 퍼졌던 찬양의 외침은 언제나 낡고 쓸모없는 것이 아니라, 하나님께서 이 땅에 있는 그의 교회를 위하여 예비해 두신 것으로 알고 있다.

"모든 천사가 보좌와 장로들과 네 생물의 주위에 섰다가 보좌 앞에 엎드려 얼굴을 대고 하나님께 경배하여 가로되 아멘 찬송과 영광과 지혜와 감사와 존귀와 능력과 힘이 우리 하나님께 세세토록 있을찌로다 아멘"(계 7:11-12).

하나님께서 우리의 찬양을 계속 일깨우실 것이며 찬양은 여원한 것이며 진리의 말씀 속에 샘물이 넘치는 축복의 비결이기도 하다.

(2) 온 땅이 주께 찬양하며

"온 땅이 주께 경배하고 주를 찬양하며 주의 이름을 찬양하리이다"(시 66:4).

"여호와여 주의 능력으로 높임을 받으소서 우리가 주의 권능을 노래하고 찬송하겠나이다"(시 21:13).

"여호와 이스라엘의 하나님을 영원부터 영원까지 송축할지로다 하매 모든 백성이 아멘하고 여호와를 찬양하였더라"(대상16:36).

"낮에는 여호와께서 그 인자함을 베푸시고 밤에는 그 찬송이 내게 있어 생명의 하나님께 기도하리로다"(시 42:8).

"하나님은 온 땅의 왕이심이라 지혜의 시로 찬양할찌어다"(시 47:7).

"온 땅이여 여호와께 즐거이 소리할찌어다 소리를 발하여 즐거이 노래하며 찬송할찌어다"(시 98:4).

"이제는 온 땅이 평안하고 정온하니 무리가 소리질러 노래하는도다"(사 14:7).

(3) 기도를 통한 찬양이란?

사무엘의 어머니 한나는 기도를 통하여 하나님께 감사하는 그 감사를 표현하였다(삼상 2:1-10). 한나의 마음은 여호와를 인하여 즐거웠다(심상 2:1). 이와 같은 한나의 기도는 우리가 찬양을 드리기가 어려울 때에 유익하게 활용할 수 있는 기도이다.

"깊도다 하나님의 지혜와 지식의 부요함이여 그의 판단은 측량치 못할 것이며 그의 길은 찾지 못할 것이로다 누가 주의 마음을 알았느뇨 누가 그의 모사가 되었느뇨 누가 주께 먼저 드려서 갚으심을 받겠느뇨 이는 만물이 주에게서 나오고 주로 말미암고 주에게로 돌아감이라 영광이 그에게 세세에 있으리로다 아멘"(롬 11:33-36).

말씀은 기도가 하나님에 대한 찬양으로 시작되고 끝나야 한다는 정당한 신념을 표현하고 있으며 사도 바울이 기도를 통한 찬양의 역할에 대하여 설명한 곳은 아무데도 없다. 그러나 바울의 서신들은 그가 기도를 통한 찬양에 탁월한 지위를 부여하고 있다는 것을 보여준다.

바울의 기도는 언제나 감사가 넘치고 있다.

바울은 하나님께 감사하리로다(엡 3:20-21; 엡 1:3; 고후 1:3-4; 롬 6:7; 롬 7:15; 고후 2:4; 빌 1:3; 골 1:3; 살전 1:2; 살후 1:3).

(4) 찬양하는 마음으로

우리는 기도할 때에 우리가 지금까지 했던 것보다 훨씬 더 찬양하는 심정으로 그 기도를 해야 할 것이다.

우리에게 하나님의 속성에 적합한 성경구절이 기재되어 있는 자료는 우리에게 큰 도움을 준다.

나로 하여금 하나님을 찬양할 수 있도록 만드는 진리 성경 말씀대로 여호와께서 통치하시니 스스로 권위를 입으셨도다.

여호와께서 능력을 입으시며 영원부터 계셨나이다. 하나님의 통치, 권위, 능력, 영원, 거룩은 내가 하나님의 이 모든 성품의 특징을 명상하였을 때 나의 마음은 그 즉시로 반응을 일으키고 나는 스스로 찬양의 응답을 하게 되었다.

그러나 나의 생활에서 거룩을 성취할 수 있는 하나님의 능력의 주시기를 간구하고 그 찬양은 다음과 같은 기도를 일으키게 된다.

그 기도는 인도하여 주심을 구하는 기도, 사단의 세력에서 구출하는 기도, 감옥에 갇힌 하나님의 종들의 구출을 위한 기도, 전 가족의 회심을 위한 기도 등 이 모두가 찬양하는 마음으로 기도하면 하나님께서 다 이루어 주시리로다(시 93:1-2; 4-5; 행 16:6-34).

(5) 시련을 통한 찬양

"내 형제들아 너희가 여러가지 시험을 만나거든 온전히 기쁘게 여기라 이는 믿음의 시련이 인내를 만들어 내는줄 너희가 앎이라"(약 1:2-3).

우리가 심한 역경과 시련에 있을 동안 시련을 통한 찬양을 말하기가 훨씬 더 쉽다. 시련을 통하여 온전히 기뻐할 수 있는 여지는 있다. 시련을 통하여 하나님을 찬양할 수 있기 때문이다. 그리스도인들은 인간의 일반적인 운명으로서의 시련 외에는 주 예수 그리스도와 연합하였기 때문에 특별히 닥쳐오는 시련이 있다는 것을 알 수 있다.

"세상에서는 너희가 환난을 당하나 담대하라 내가 세상을 이기었노라 하시니라"(요 16:33).

시련은 육체적 고통을 통하여 올 수 있다. 어떤 사람들은 일생 동안 이 육체적인 시련을 견뎌야 하며 어떤 사람은 일시적으로 견뎌야 한다. 인간의 고난에 대해서는 우리가 측량할 수 없는 신비가 있고 아직 우리가 대답할 수 없는 많은 의문점을 가지고 우리를 괴롭히고 있다.

하나님께서 귀히 사용하시는 자녀들 가운데는 무서운 시험을 견디는 사람들이 있다.

우리가 무분별한 행동이나 부당한 행동을 함으로 말미암아 적대 행위와 박해를 야기시키는 일은 물론 조심해야 되겠지만 그리스도인들에게는 적대 행위와 박해가 닥쳐오는 일이 있다. 시련은 결국 우리 모두에게 사별을 통하여 오고야 만다. 사랑과 신뢰의 인간관계는 우리들의 가장 소중한 재산이다. 시련을 통하여 찬양을 돌리기는 쉬운 일이 아니다. 시편을 보면 시련이 너무나도 철저히 스며들어서 하나님 안에서 기쁨이 떠나가고 찬양할 수 있는 능력도 떠나가게 된 인간의 투쟁이 나타나 있다.

"내 영혼아 네가 어찌하여 낙망하여 어찌하여 내속에서 불안하여 하는고 너는 하나님을 바라라 나는 내 얼굴을 도우시는 내 하나님을 오히려 찬송하리로다"(시 42:11).

다윗에게 시련이 닥쳐 왔을 때 그는 영혼의 눈을 하나님께로 돌리는 것을 배웠다. 그렇게 하였을 때 다윗은 그의 입에서 기도가 흘러 나왔고 하나님을 찬양하게 되는 것을 발견하였다.

(6) 하나님 약속을 기억하라.

나는 그날의 영적인(시련) 요청을 처리하기 위하여 하나님의 약속을 사용해야 한다. 하나님의 약속을 사용함으로써 이 얼마나 기쁜 일인가? 바울은 우리들에게 시련에 대하여 말씀하였다.

"우리가 알거니와 하나님을 사랑하는 자 곧 그 뜻대로 부르심을 입은 자들에게는 모든 것이 협력하여 선을 이루느니라"(롬 8:28).

"환란이나 곤고나 핍박이나 기근이나 적신이나 위험이나 칼이랴"(롬 8:35).

"이 모든 일에 우리를 사랑하시는 이로 말미암아 우리가 넉넉히 이기느니라"(롬 8:37).

'시련은 현재 우리의 삶에 가져다 주는 불안과 장래의 삶을 가

겨다 주는 불안을 고려하여 현재 일이나 장래 일이나' 라는 말씀에서 특별히 주어진 사명이 나타난다. 약속이 말씀 안에는 고난과 시험이 일어나도 시련은 오히려 우리들에게 유익이 되며 우리들의 삶에서 하나님을 찬양하도록 한다.

"내가 확신하노니 사망이나 생명이나 천사들이나 권세자들이나 현재 일이나 장래 일이나 능력이나 높으이나 깊음이나 다른 아무 피조물이라도 우리를 주 그리스도 예수 안에 있는 하나님의 사랑에서 끊을 수 없으리라"(롬 8:38-39).

"사람이 감당할 시험 밖에는 너희에게 당한 것이 없나니 오직 하나님은 미쁘사 너희가 감당치 못할 시험 당함을 허락하지 아니하시고 시험 당할 즈음에 또한 피할 길을 내사 너희로 능히 감당하게 하시느니라"(고전 10:13).

우리의 마음은 하나님의 약속을 고정시키고 우리가 "하나님의 약속을 얼마든지 그리스도 안에서 예가 되니"(고후 1:20).

시련은 무엇보다 더 강하게 우리들을 하나님의 약속으로 이끌어 가는 것이다. 그때의 시련은 오히려 우리들에게 유익이 되며 우리들의 삶에서 하나님을 찬양하도록 한다.

(7) 시련을 통하여 하나님을 찾으라.

우리들에게 시련을 맡길 수 있는 하나님의 그 특권을 찬양하게 된다. 우리는 하나님께서 우리에 대하여 오래 참으시고 신임하시는 그 신임으로 말미암아 하나님께 찬양을 돌린다. 예수님이 우리에게 더욱 더 귀하게 될 때 그리고 우리의 마음이 하늘나라에 점점 더 끌리게 될 때 우리는 하나님을 찬양한다. 시련 밖에서가 아니라 시련을 통하여 자신에 대한 사명감을 감당해야 한다.

"내 형제들아 너희가 여러가지 시험을 만나거든 온전히 기쁘게

여기라 이는 너희 믿음의 시련이 인내를 만들어 내는 줄 너희가
앎이라. 인내를 온전히 이루라 이는 너희로 온전하고 구비하여 조
금도 부족함이 없게 하려 함이라"(약 1:2-4).
"나의 가는 길을 오직 그가 아시나니 그가 나를 단련하신 후에
는 내가 정금 같이 나오리라"(욥 23:10).
우리들의 시련의 끝에는 항상 하나님이 어떤 상급을 준비해 두
신다(약 11:2). 주께서 그 사랑하시는 자를 징계하시고(히
12:6). 시련 가운데서 찬양하는 비결은 우리 자신을 자극하여 의
식적으로 하나님을 바라보는 데 있다. 우리가 시련에 처해 있을
때 마땅히 하나님을 찬양해야 하는 바대로 의식적으로 찬양하게
되면 우리는 스스로 하나님께 도움을 요청하여 부르짖게 되고 이
어서 우리는 시련을 통하여 하나님의 구출이 나타나는 것을 발견
하게 된다.
"내가 찬송 받으실 여호와께 아뢰리니 내 원수들에게서 구원을
얻으리로다"(삼하 22:4).

4) 하나님께 찬양드리자.
성경에 기록한 찬양은 다음과 같다.
1. 하나님께서 찬송을 창조하셨기 때문에(사 43:21)
2. 예수님의 명령(계 19:3-5)
3. 찬송은 천군 천사도 부르고(시33:1)
4. 하나님의 영광과 능력이 나타나고(행 16:25)
5. 날마다 죄짓고 용서하기 때문에(시 68:19)
6. 지음을 받았기 때문(시 148:5)
7. 천국생활로(계 4:111)
8. 하나님도 찬송하셨다(엡 1:3).

9. 모든 병을 고쳐주셨기 때문(시 103:3)
10. 하나님 자녀로 되셨기에(엡 1:5)
11. 정직한 자가 해야 할 일(시 33:10)
12. 찬양은 입술의 열매(히 13:15)
13. 기도응답(시 60:22)
14. 예정하신 목적(엡 1:4)
15. 찬송은 하나님의 소원(빌 2:13)
16. 찬양은 전도의 길(시 107:22)
17. 우리의 힘이 되신 하나님(출 15:2)
18. 우리를 구속하심(시 51:10)

골로새서 3:16-17에도 "그리스도의 말씀이 너희 속에 풍성히 거하여 무든 지혜로 피차 가르치며 권면하고 시와 찬미와 신령한 노래를 부르며 마음에 감사함으로 하나님을 찬양하고 또 무엇을 하든지 말에나 일에나 다 주 예수의 이름으로 하고 그를 힘입어 하나님 아버지께 감사하라."고 기록되어 있다.

초대교회 특징은 노래하는 교회, 시와 찬미로 신령한 노래를 부르는 교회, 마음에 감사와 하나님 앞에 찬양하고 몸과 마음의 행동은 주의 이름으로 힘입어 하나님 아버지께 감사로 하며 기독교인들은 오늘날까지 그러한 생활을 본받아 찬송을 불러왔다.

예배음악은 하나님은 하나님 아버지와 우리의 주님이 되시는 그리스도와 더불어 시와 찬미로 신령한 노래를 나타내고 있는 것이 오늘의 종교음악의 표현이다. 칼뱅은 찬미에 대하여 말하기를 찬미는 본래 찬양의 노래인데 찬양은 몸과 마음과 행동으로 나타내고 있는 것이 오늘날 성가라고 할 수 있다.

초대교외 예배음악은 시와 찬미로 독특한 성격을 지니면서 예배음악을 이루었다. 또한 삼위일체 하나님은 찬양의 대상으로 볼 수 있었다.

※ 시와 찬미 신령한 노래 비교

구분	시편가	찬송(찬미)	신령한 노래
내용	하나님을 찬양 하나님께 기쁨 메시아 기대	예수 그리스도 중심 그의 신성과 인성 인간의 역사 새로운 출발	세상 사람들은 이해할 수 없음 성령으로 충만한 사람만 통역할 수 있음
형태	히브리 민족의 전통적 형식	시편 모습 모방 특별한 형식 없음	예배시 이외 기도, 특별한 은사, 부흥회, 철야, 기도회 등
쓰이는 장소	성전과 회당	회당 (작은집회 장소)	두 사람이 함께 하는 곳이라면 어디든지

5) 찬양과 함께 하시는 하나님

(1) 할렐루야 내 영혼아.

"할렐루야 내 영혼아 여호와를 찬양하라 나의 생전에 여호와를 찬양하며 나의 평생에 내 하나님을 찬송하리로다"(시 146:1-2).

내가 날마다 찬양함으로 고백하면 예수님이 내 마음에 오신 후, 내 삶에 얼마나 놀라운 변화가 일어나고 있는지, 주님의 말씀은 하나님께서 모든 것을 새롭게 만드신다는 것을 인정하는 사람만이 새 노래를 부를 수 있는 벅찬 감격을 맛볼 수 있고 새로운 삶에도 희망과 기쁨으로 거듭난 생활을 할 수 있다.

(2) 너희는 주님을 즐거운 소리로 찬양하라.

"너희 만민들아 손바닥을 치고 즐거운 소리로 하나님께 외칠찌어다"(시 47:1).

"무릇 주를 찾는 자는 다 주로 즐거워하고 기뻐하게 하시며"라고 말씀하신다. 이것은 왕 중의 왕이시요. 주 중의 주이신 그분의 말씀이다. 찬양을 거부하는 것은 하나님 말씀에 대한 반역이다.

찬양하는 사람들은 하나님의 증거가 되기 때문이고 요셉의 족속 중에 이를 증거로 세우셨다(시 81:5). 이는 그리스도 안에서 전부터 바라던 우리로 그 영광의 찬송이 되게 하려 하심이라(엡 1:2). 하나님께서 주신 말씀 중 찬양이야 말로 하늘과 땅 어디서나 이해될 수 있는 하나님에 대한 증거이다.

찬양으로 자신을 보호받기 전에 신적인 능력을 드러내는 일에 빠져드는 것은 매우 위험한 일이며 영적인 은사를 잘못 사용하여 우월감을 갖게 되고 그로 인해 개인과 교회가 파괴되는 경우를 볼 때 오직 한길로 향해서 달려가야 하고 찬양을 드리는 곳에는 그리스도의 증거가 있고 그 능력에 따라 구원의 확신을 얻을 수 있다.

(3) 우리와 항상 동행하시는 하나님께

"내가 아버지께 구하겠으나 그가 또 다른 보혜사를 너희에게 주사 영원토록 너희와 함께 있게 하시리니"(요 14:16).

우리와 항상 동행하시며 우리를 위하여 기도하시며, 근심하시며, 위로해 주시는 하나님이신 성령을 찬양하지 않을 수 없다.

저는 진리의 영이다. 이는 저를 보지 못하고 알지 못하나 너희는 저를 아나니 저와 함께 하면 너희 속에 계심이라.

우리는 성령의 인도로 우리와 함께 늘 동행하시며 인도하시는 도다.

(4) 찬양의 능력은 기적을

온전하게 드려지는 찬양은 기적을 이루며 모든 문제를 해결할 수 있는 길이 있다.

"밤중 쯤 되어 바울과 실라가 기도하고 하나님을 찬미하매 죄수들이 듣더라 이에 홀연히 큰 지진이 나서 옥터가 움직이고 문이 곧 다 열리며 모든 사람의 매인 것이 다 벗어진지라"(행 16:25-26).

찬양은 옥문을 열어서 기적을 이루었고, 요나가 물고기 뱃속에 갇혔을 때 하나님께 드린 감사의 찬양은 요나로 하여금 다시 살게 하는 기적을 얻었다. 믿는자들은 기도의 소리로 간구하면 하나님께서 우리가 모르는 사이에 응답해 주시고 찬양을 통하여 드리는 감사는 특별한 힘이 되고 있다.

(5) 찬양은 승리다.

"백성으로 더불어 의논하고 노래하는 자를 택하여 거룩한 예복을 입히고 군대 앞에서 행하며 여호와를 찬송하여 이르기를 여호와께 감사하세 그 자비하심이 영원하도다 하게 하였더니"(대하 20:21).

여호사밧이 전쟁의 궁지에 몰려 있을 때 하나님께 드리는 찬양은 문제를 변화시켜 복이 되게 할 뿐만 아니라 패배를 변화시켜 승리가 되게 하였다.

찬양은 지혜와 영광과 예언의 영을 불러들인다. 찬양하는 음악 속에서 성령은 하늘의 비밀을 알려줄 것이고 찬양은 마르지 않는 지혜요, 샘으로서 영화로운 삶에 터전을 만들어 줄 것이며 그로 인하여 영화의 면류관이 얻어지며 승리하는 개가를 부를 것이로다.

(6) 영혼을 새롭게 하소서.

"무릇 시온에서 슬퍼하는 자에게 화관을 주어 그 재를 대신하며 희락의 기름으로 그 슬픔에 대신하여 찬송의 옷으로 그 근심을 대신하시고 그들로 의의 나무 곧 여호와의 심으신바 그 영광을 나타낼 자라 일컬음을 얻게 하려 하심이라"(사 61:3).

우리의 영혼은 쉽게 상처를 입는 경우가 많다. 재물에 대한 욕심 때문에 상처를 입고 명예를 탐욕하는 욕망 때문에 상처를 입고 음란한 정욕 때문에 상처를 입는다. 그럴 때마다 하나님께 드리는 찬양은 그 상처를 싸매어 주고 치료해 주는 위로자가 된다.

"온 땅이여 하나님께 즐거운 소리를 발할찌어다. 그 이름의 영광을 찬양하고 영화롭게 찬송할찌어다"(시 66:1-2).

우리의 영혼에 새 힘을 주는 찬양의 옷을 입히자.

(7) 찬송과 감사함으로

찬송이란 주님께 감사드리는 가장 놀라운 방법이다.

"내가 여호와의 의를 따라 감사함이여 지극히 높으신 여호와의 이름을 찬양하리로다"(시 7:17).

"찬양하라 하나님을 찬양하라. 찬양하라 우리 왕을 찬양하라"(시 47:6-7).

"여호와여 이러므로 내가 열방 중에서 주께 감사하며 주의 이름을 찬송하리이다"(시 18:49).

"내가 노래로 하나님의 이름을 찬송하며 감사함으로 하나님을 광대하시다 하리니"(시 69:30).

주님께 감사드리는 가장 놀라운 방법은 찬송으로 은혜받는 방법이다.

6) 찬송은 누구에게 하여야 하는가?

마땅히 여호와 이스라엘의 하나님께 찬송하여야 한다.

"여호와 이스라엘의 하나님을 영원부터 영원까지 찬송할찌로다 아멘 아멘."이라고 시편 기자는 말하고 있다. 그 하나님께 영원히 영원히 찬송할 이유는 시편 41:12에서 밝혀주고 있다. 주께서 나를 영영히 주님 앞에 세우시니 영영히 찬송할 수밖에 없다는 말이다.

또한 요한계시록 19:5에 "보좌에서 음성이 나서 가로되 하나님의 종들 곧 그를 경외하는 너희들아 무론 대소하고 다 우리 하나님께 찬송하라 하더라."고 하였다. 우리 하나님이라고 부를 수 있는 자는 영적 이스라엘 백성들에게 주어진 특권이다(요일 5:1). 예수께서 그리스도이심을 믿는 자마다 하나님께서 난자니 예수 그리스도를 마음에 영접하는 자는 누구나 그의 백성으로 찬송해야 마땅하다는 말씀이다. 그러면 하나님이 어떠하신 분임을 찬송할 것인가?

(1) 지극히 높으신 하나님께 찬양한다.

"너희 대적을 네 손에 붙이신 지극히 높으신 하나님을 찬송할찌로다 하매 아브라함이 그 얻은 것에서 십분 일을 멜기세덱에게 주었더라"(창 14:20). 히브리 기자는 신약에 와서 과거 사실로 멜기세덱을 살렘왕이요 지극히 높으신 하나님의 제사장이라 여러 임금을 쳐서 이기고 돌아오는 아브라함에 복을 빈자라(히 7:6) 하고 말한다. 그러므로 멜기세덱은 하나님의 아들 예수 그리스도의 모형이었다. 그리스도의 모형이신 멜기세덱이 지극히 높으신 하나님을 찬송했다는 것은 예수님도 하나님을 찬송했다는 말씀이다. 그렇다면 죄인인 우리는 어떻게 찬송하여야 하겠는가? 일생 그의 지극히 높으심을 찬송하여도 아깝지 않는 마음으로 찬송하여야 할 것이다. "내가 여호와의 의를 따라 감사함이여 지극히 높으신 여호와의 이름을 찬양하리로다"(시 7:17).

내가 주를 기뻐하고 즐거워하며 지극히 높으신 주의 이름을 찬송하리니(시 9:2) 루터 포드(Ruther Ford)는 옥중 생활에서도 기쁨으로 찬송하는 곳이 그리스도의 왕궁이며 그 기쁨은 하나님을 바라보는 신앙이기 때문이라고 말하였다.

(2) 하늘에 계신 하나님께 찬송하리라.

"이에 이 은밀한 것이 밤에 이상으로 다니엘에게 나타나 보이매 다니엘이 하늘에 계신 하나님을 찬송하리라"(단 2:19).

느부갓네살이 왕위에 오른지 2년째 된 때 이상스런 꿈을 꾸고 바벨론 나라의 박수와 술객들과 점쟁이들과 술사들을 불렀으나 해몽을 못하므로 죽이려 하매 다니엘도 죽게 된지라.

다니엘이 왕 앞에 나아가 기한을 주시면 해석을 보여 드리겠다고 하고 하나님께 기도하였더니 그에게 꿈을 통하여 왕의 꿈을 보여 주셨을 때 죽음을 면케 된 다니엘은 하늘에 계신 하나님을 찬송하였다.

(3) 영생하시는 하나님께 찬양드리고

"그 기한이 차매 나 느부갓네살이 하늘을 우러러 보았더니 내 총명이 다시 내게로 돌아온지라 이에 내가 지극히 높으신 자에게 감사하며 영생하시는 자를 찬양하고 존경하였노니 그 권세는 영원한 권세요 그 나라는 대대에 이르리로다"(단 4:34).

"그 생물들이 영광과 존귀와 감사를 보좌에 앉으사 세세토록 사시는 이에게 돌릴 때에 이십사 장로들이 보좌에 앉으신 이 앞에 엎드려 세세토록 사시는 이에게 경배하고 자기의 면류관을 보좌 앞에 던지며 가로되 우리 주 하나님이여 영광과 존귀와 능력을 받으시는 것이 합당하오니 주께서 만물을 지으신지라 만물이 주의 뜻대로 있었고 또 지으심을 받았나이다 하더라"(계 4:9-11).

(4) 만왕의 하나님께 찬양하리로다.

"아하마아스는 외쳐 왕께 말씀하되 평강하옵소서 하고 왕의 앞에서 얼굴을 땅에 대고 절하여 가로되 왕의 하나님 여호와를 찬양하리로소이다"(삼하 18:28).

구약과 신약을 통해 음악사역(봉사)이 무엇인가에 대해 우리들에게 다시금 생각하게 하는 많은 성구들이 있다. 나는 크리스천 음악가나 독창자들 그리고 작곡가와 편곡자들에게 사역에 관한 성경말씀을 철저히 연구할 것을 당부하고 싶다. 만약 당신이 음악으로 하나님을 섬기도록 부르심을 받았다고 생각한다면 하나님께서 당신에게 어떤 것을 기대하시는지 알아야 할 것이다.

하나님께서는 당신에게 썩히라고 재능과 재주를 주신 것이 아니다. 주님을 높이고 송축함으로 오히려 우리를 축복하시고자 재능과 능력을 주신 것이다. 한동안 사용하지 않았던 악기들을, 혹은 성가대 자리를 다시 찾아와서 주님을 찬양하는데 사용하라! 하나님께서 당신에게 허락하신 악기를 위하라! 그리고 훌륭하게 연주할 수 있을 때까지 계속 연습하라. 하나님께서는 우리에게 큰 소리로 아름답게 연주할 것을 명령하셨다.

음악을 위해 당신 자신을 바치라!(즉 성가대 봉사) 음악은 단순한 반주나 여흥이 아니며 섬김인 것이다. 또한 음악은 설교를 위한 준비가 아니라, 하나님을 섬기고 찬양하는 사역으로서 하나님에 의해서 직접 예정된 예배의 중요한 요소이다.

당신은 음악 성가대 찬양을 소중히 생각하라. 하나님께서는 당신을 하나님 앞에서 섬김의 일을 하는 제사장으로 부르셨다. 영원에서 영원까지 우리는 큰 목소리와 아름다운 연주로 주님을 예배하고 찬미할 것이다.

큰 소리로 찬양하세
왕이신 하나님
큰소리로 외치세
임마누엘 만왕의 왕인 주
빛나는 아침의 별 영원에서 영원까지
나는 주님을 찬양하려네
영원무궁토록
나는 주님과 함께 다스리겠네

"내가 왕의 이름을 만세에 기억케 하리니 그러므로 만민이 왕을 영영히 찬송하리로다"(시 45:17).

여기에 나타난 왕은 메시아를 말씀하신 것인데 그 이름이 존귀하시기 때문에 영원토록 기억케 되어 찬송하게 될 것이므로 구원 받은 백성들은 이 기쁨으로 찬송하겠다고 다짐한다.
"그러므로 지금 나 느부갓네살이 하늘의 왕을 찬양하며 칭송하며 존경하오니 그의 일이 다 진실하고 그의 행하심이 의로우심므로"(단 4:37).
느부갓네살이 왕이신 그리스도를 찬양하며 칭송하며 존경하며 왕이 아시는 일이 진실하며 의로우시도다 라고 찬송하였다. 하나님을 알지 못한 느부 갓네살 왕도 그리스도이신 왕을 찬송하였지만 그의 아들, 딸된 우리의 마음은 진정 이렇게 찬송하였는가? '주님! 주님을 높이 찬양하지 못함을 회개합니다.' 라고 고백하자.

(5) 이스라엘 하나님을 찬송하며

홀로기사를 행하시는 여호와 하나님 곧 이스라엘의 하나님을 찬송하며(시 72:18) 두분이 천지만물을 창조하셨다면 나는 지금 어느 분에게 더 많이 찬송할 것인가? 홀로 한분 계심을 알려주신 성령님께 감사할 뿐이다. 홀로 한 분이신 주님을 노래할 때 솔로몬 왕에게 축복하셨던 것이니, 저자 자신도 홀로기사를 행하시니 여호와 하나님이라고 고백한다. 할렐루야!

(6) 구원이신 하나님께 찬송할지로다.

"날마다 우리 짐을 지시는 주 곧 우리의 구원이신 하나님을 찬송할찌로다"(시 68:19).

예수 그리스도께서는 나의 죄를 대신하여 과거에서부터 미래까지 하나님 아버지께 충성하셨다. 내가 그분에게 찬송하지 못한다고 한다면 어떤 분에게 찬송할 것인가? 그분에게 찬송하지 못한다고 한다면 사랑을 받지 못하고 매를 많이 맞을 것이다.

(7) 거룩하신 하나님께 찬양하며

"서로 창화하여 가로되 거룩하다 거룩하다 거룩하다 만군의 여호와여 그 여광이 온 땅에 충만하도다"(사 6:3). 유다 왕 웃시야가 죽자 나라는 쇠퇴하기 시작했다. 이때에 이사야 선지자가 주께서 높이 들린 보좌에 앉으신 것을 보았다.

"그분은 만왕의 왕이시오 만왕의 주시며 우주만물을 통치하시는 예수 그리스도시다. 그 옷자락은 성전에 가득했으니 대제사장이시다"(히 7:15-멜기세덱과 같은 별다른 한 제사장이 일어난 것을 보니 더욱 분명하도다. 시 110:4-여호와는 맹세하고 변치 아니하시리라 이르시기를 너는 멜기세덱의 반차를 좇아 영원한 제사장이라 하셨도다). 유다 민족들이 통치자가 없는 것을 낙심할 즈음에 스랍들(하나님을 가까이 모시는 최고의 천사, 거룩하고 맑은 청순한 천사)이 거룩하다(뜨겁다), 거룩하다(뜨겁다), 거룩하다(뜨겁다) 외치고 있었다. 이사야는 예수 그리스도께서 유다를 통치하시고 계심을 보았기 때문에 마음에 불안과 요동함이 없었다. 우리 민족에게도 이와 같은 변이 있었을 때 하나님의 백성들은 하나님이 살아계셔서 통치하시는 주권을 알고 평안함을 느낄 수 있었던 것을 안다. 예수 그리스도는 말로나 글로나 행동으로나 생각이나 형이상학적으로 과학적으로 표현할 수 없는 거룩한(뜨거운) 분이시다.

하나님에 대한 거룩하심과 성지, 성산, 명칭, 보좌 등의 거룩함에 대한 성경의 기록은 다음과 같다.

① 출애굽기 3:5; 15:11
② 민수기 15:4
③ 여호수아 5:15
④ 사무엘상 2:2, 6:20
⑤ 시편 2:6; 20:6; 30:4; 47:8; 48:1; 97:12
⑥ 마태복음 6:9

그외에는 어느 특정한 것을 지시형적으로 거룩하게 하시거나 거룩하다고 명하신 것들은 다음과 같다.
　(가) 안식일(주일)을 거룩하게 하시고 복을 주셨다(창 2:3; 출 20:9; 31:13; 신 5:12; 느 9:14; 렘 17:22).

(나) 성전 안에 있는 성구(가구:기명)를 거룩하게 하라(출 40:9; 왕상 8:4; 대하 8:11).
(다) 자기몸을 구별하는 모든 날 동안 그는 여호와께 거룩한 자니라(민 6:8).
(라) 주의 권능의 날에 하나님의 자녀는 거룩한 옷을 입는다(시 110:3; 출 28:2; 고전 1:2).
(마) 구원의 언약이 영원하시니 그 이름이 거룩하시도다(시 111:9).
(바) 거룩한 자를 아는 것이 명철이다(잠 9:10).
(사) 하나님 백성은 여호와를 거룩한 자로 삼아야 한다(잠 8:13).
(아) 거룩한 하나님의 이름을 우상숭배로 더럽히지 말아야 한다(겔 20:39; 22:36; 43:7).
(자) 회개의 금식일은 하나님을 바라보는 거룩한 날이다(욜 2:16).
(차) 가난한 자를 학대하여 음란한 자는 하나님의 거룩한 이름을 더럽히는 것이다(암 2:7; 막 8:38).
(카) 거룩한 자는 오직 한분 하나님의 아들 그리스도시다(눅 1:35).
(타) 삼위일체 하나님의 본체는 거룩하시다(고전 6:11; 계 4:8).

(8) 주 하나님께 찬양한다.
"주 하나님 곧 전능하신 이여 전에도 계셨고 이제고 계시고 장차 오실 자라"(계 4:8).

(9) 주의 영화로운 이름으로 오신이에게 찬양하며

"앞에서 가고 뒤에서 따르는 무리가 소리질러 가로되 호산나 다윗의 자손이여 찬송하리로다…"(마 21:9).

(10) 죽임을 당하신 어린양께 찬송하며

"죽임을 당하신 어린 양이 능력과 부와 지혜와 힘과 존귀와 영광과 찬송을 받으시기에 합당하도다"(계 5:12).

(11) 보좌에 앉으신 이와 어린양에게 찬송하며

"만물이 가로되 보좌에 앉으신 이와 어린 양에게 찬송과 존귀와 영광과 능력을 세세토록 돌릴찌어다"(계 5:13).

즉 한마디로 말해서 성삼위 하나님을 찬송할 것을 말한다. 성삼위의 이름이 없는 것은 찬송이라 할 수 없다.

7) 찬송과 성도의 신앙생활 I

(1) 감사함으로 찬양해야 한다.

"할렐루야, 내가 정직한 자의 회와 공회중에서 전심으로 여호와께 감사하리로다"(시 111:1).

전자의 의미는 여호와를 찬송하라는 명령이고 중자는 주를 찬미하라는 뜻인 히브리어가 그대로 헬라화 된 것으로 시편 중 15편은 "할렐루야."라는 뜻이다.

"감사제를 드리며 노래하여 그 행사를 선포할찌로다"(시 107:22).

"그리스도의 말씀이 너희 속에 풍성히 거하여 모든 지혜로 피차 가르치며 권면하고…"(골 3:16).

(2) 찬송은 즐거움으로 불러야 한다.

"온 땅이여 여호와께 즐거이 부를찌어다. 기쁨으로 여호와를 섬기며 노래하면서 그 앞에 나아갈찌어다 여호와가 우리 하나님이신 줄 너희는 알찌어다. 그는 우리를 지으신 자시요 우리는 그의 것이니 그의 백성이요"(시 :100 1-3).

(3) 지혜의 시로 찬양할찌어다.

"하나님은 온 땅에 왕이심이라 지혜의 시로 찬양할찌어다"(시 47:7). 엘렉콜 하이레츠라는 것은 하나님께서 처음으로 이스라엘 왕이 되신다는 의미가 아니고, 어떤 전쟁에서 승리한 사건이든지 이스라엘이 포로되었던 곳에서 해방된 사건으로 인하여 하나님의 세계적 왕권을 확인하는 것이다. 신약에 와서는 찬미가 나의 마음의 열매를 맺히게 해 주는데 지혜로운 모습을 확실히 보여주고 있다.

(4) 자비하심이 영원토록 불러야 한다.

"백성으로 더불어 의논하고 노래하는 자를 택하여 거룩한 예복을 입히고 군대 앞에서 행하며 여호와를 찬송하여 이르기를 여호와께 감사하세 그 자비하심이 영원하도다 하게 하였더니"(대하 20:21).

이스라엘 백성이 드고아 나팔소리(유대)의 성읍(아모스) 선지의 고향이다(암 1:1). 여호사밧이 여호와께 찬송할 때에 여호와께서 보병을 보내어 암몬 자손(롯과 첫째딸과 자손) 모암(롯과 둘째딸과의 자손)과 세일자손(에서 족속)을 얻었고 승리하였던 일이 있다.

(5) 성령충만으로 찬미하며

"오직 성령의 충만을 받으라 시와 찬미와 신령한 노래로…"(엡 5:18-19). 이렇게 할 때에 때를 따라 비를 내리되 복된 장마비를 내리신다(겔 34:26).

(6) 평강을 위하여 불러야 한다.

"그리스도의 평강이 너희 마음을 주장하게 하라 평강을 위하여"(골 3:15). 이 평강은 그리스도가 교회의 지체 간에 주신 것이라고 불리운다.

(7) 큰 소리로 찬송하리로다.

"그 핫 자손과 고라 자손에게 속한 레위 사람들은 서서 심히 큰 소리로 이스라엘 하나님 여호와를 찬송하니라"(대하 20:19).

모세의 종령으로 성질이 교만하고 명예심이 많아 르우벤 지파와 다단과 온과 아비람과 그 족장으로 부터 더불어 모세와 아론을 반역하다가 고라와 다단과 아비람은 그 온 가족과 함께 땅에 삼킨 바 되고 250인은 불로서 소명되었으나(민 16:1-3; 28-35) 고라의 아들들을 죽이지 않았다(민 26:11). 그래서 저의 자손들이 시편 42-47편을 기록하고 심히 큰 소리로 찬송하였다. 에서의 아들인데 오홀리비아 소생이다(창 36:2-5).

과학의 현 세대에서도 음악은 높은 지식을 말해주는 것이라고 볼 때 참으로 큰 축복이 아닐 수 없다. 전자의 자손들이 부른 찬송을 들어보자.

"너희 만민들아 손바닥을 치고 즐거운 소리로 하나님께 외칠찌어다"(시 47:1). '손바닥을 치고'라는 말은 네 주위에 있는 모든 자들로 듣게 하고 하나님의 행적에 얼마나 감동되어 흡족한 상태에 있는가를 주목하게 하기 위해서이다.

"이미 감람산에서 내려가는 편까지 가까이 오시매 제자의 온 무리가 자기의 본바 모든 능한 일을 인하여 기뻐하며 큰 소리로 하나님을 찬양하여 가로되 찬송하리로다…"(눅 19:37-38). 이들은 예수 그리스도를 하나님의 영광으로 찬송하게 되었고 신약의 최초의 그리스도교 찬미가 된 것이다(Stanley).

(8) 손을 들며(기도하는 마음으로) 찬양해야 한다.

"에스라가 광대하신 하나님 여호와를 송축하매 모든 백성이 손을 들고 아멘 응답하고…"(느 8:6).

이스라엘 자손이 바벨론 포로에서 나온 후 7월 1일 안식일 수문 앞 광장에서 나팔절성화가 열렸다(레 23:24; 민 24:1). 백성들은 간구와 찬미로 그와 한 마음이라는 것을 아멘으로 표했으며 손을 들고 하나님을 향해 자기들의 소망과 모든 기도와 의지를 표했던 것이다. 평안한 헌금에도 그들과 같이 진실한 찬송을 부르지 못하고 있음을 하나님 앞에 시인하자 그것이 곧 회개의 찬송일 것이다.

"여호수아가 모세의 말대로 행하여 아말렉과 싸우고 모세와 아론과 훌은 산꼭대기에 올라가서 모세가 손을 들면 이스라엘이 이기고…"(출 17:10-12).

(9) 항상 소망을 품고 찬송해야 한다.

"나는 항상 소망을 품고 주를 더욱 더욱 찬송하리이다"(시 71:14).

(10) 감사의 표적으로 찬송해야 한다.

"허다한 약대 미디안과 에바의 젊은 약대가 네 가운데 편만할 것이며 스바의 사람들은 다 금과…"(사 60:6).

민족들이 자기들의 특산물을 가지고 하나님께로 나와 바친다.

미디안은 그두라에게서 난 자손(창 25:2)이고 에바는 미디안의 아들이다. 두 사람이 한 족속을 가리킨다(창 25:4).

이 족속은 그 소유한 약대로 하나님께 드리며 스바(아라비아에 있는 나라)는 금과 유향을, 게달(아라비아사막 남쪽) 민족은 양무리를 느바욧(이스라엘의 자손 아라비아에 있음)은 수양을 각각 드린다고 한다. 그들은 자기들에게 있는 그대로 다 드리고 있는데 이것은 모든 영적 소유물을 드림에 대한 비유이다.

신약시대의 제단은 그리스도인데 우리는 그에게 감사의 표적을 드릴 때 하나님 앞에 향기로운 제물이 된다.

여호와의 찬송은 여호와께서 행하신 놀라운 일들을 의미한다.

(11) 정숙한 소리로 찬송하며

"지존하여 십현금과 비파와 수금의 정숙한 소리로 여호와께 감사하며 주의 이름으로 찬양하며…"(시 92:1-3). 포루 후 시대에 이스라엘 백성이 안식일 아침에 부른 찬송가였으므로 그 풍속에서 유래된 문체이다(Delitzsch Koning Gemser).

(12) 영과 마음으로 찬미하라.

영으로 부르는 것은 성령 충만해서 불러야 함을 의미하고 마음으로 부른다는 것은 인간의 기술 정성함을 다하여 부름을 의미한다.

"그러면 어떻게 할꼬 내가 영으로 기도하고 또 마음으로 기도하며 내가 영으로 찬미하고 또 마음으로 찬미하리라"(고전 14:15). 바울은 방언의 기도나 찬미를 금지한 것이 아니라, 마음에 통역되지 않는 방언을 금지한 것이다.
  방언은 영에만 적용하고 마음은 미치지 못한 것이다. 통역의 대상은 귀가 아니라, 마음이었다. 마음에 홀연히 납득이 되어야만 열매를 맺는다.

(13) 손벽을 치며 찬송을 불러야 한다.

"너희 만민들아 손바닥을 치며 즐거운 소리로 하나님께 외칠찌어다"(시 47:1).
  "너희는 기쁨으로 나아가며 평안히 인도함을 받을 것이요"(사 55:12). 손바닥을 치는 것은 기쁨의 충만한 것의 행동이며 찬송해야 될 것을 말한다. 기쁨은 찬송의 생명이므로 기독교는 기쁨의 종교이다.

(14) 기쁜 입술로 주를 찬송하고

"골수와 기름진 것을 먹음과 같이 내 영혼이 만족할 것이라 내 입이 이 기쁜 입술로 주를 찬송하되"(시 63:5).
  처녀가 사랑하는 사람을 향해 달려갈 때 자기가 좋아하는 색을 입술에 바르기도 한다. 아름답고 윤기있는 입술은 자신의 건강과 경건한 모습을 보이는 것이다. 성도가 하나님께 찬송을 부를 때 이런 마음으로 부른다면 여호와 하나님은 우리의 행위에 만족하실 것이며 곧 우리 영혼의 만족이 될 것이다.

(15) 깨어서 찬송해야 한다.

"주의 죽은 자들은 살아가고 우리 시체들은 일어나리이다…"(사 26:19). 무덤에 있는 모든 성도들은 하나님의 아들의 음성을 듣게 된다는 것이다. 죽은자가 살아난다는 것은 기독교인들의 가장 큰 소망인 것이다. '깨어서' 란 말씀은 주님께서 죽은자 같이 된 백성의 기도를 들으시고 그들을 바벨론에서 놓아 주신다. 이 일은 그리스도께서 장차 죽은자들을 살리심(깨어나게 하심)과 같은 이적이다.

(16) 화답하며 여호와께 찬송하라.

"서로 찬송가를 화답하며 여호와께 감사하며 가로되 주는 지선하시므로 그 인자하심이 이스라엘에게 영원하시도다"(스 3:11). 여호와는 이스라엘 선택 민족의 호칭이며 하나님(엘로힘: 능력신명)은 이방민족에게 능력의 하나님으로 나타난 사실을 알려준다.

(17) 새 노래로 여호와께 찬양해야 한다.

새 노래로 여호와께 노래할찌어다 여호와께 노래하며- 새 노래로 여호와께 찬송하라-새 노래로 그를 노래하며 즐거운 소리로 공교히 연주할찌어다(시 96:1; 98:1; 33;1). 새 노래는 새 은혜와 새 세계의 영원한 영생 복을 받은자가 마음에서 솟아나는 찬송을 숨겨둘 수 없어 장차 하나님 나라가 통치할 시대를 내다보면서 찬송하라는 예언의 시기도 하다.

송축과 선파는 찬송 목적들 중 두 가지이다.

송축은 복되게 여김받는 하나님을 높이시는 찬송이다.

선파는 하나님이 주신 크고 놀라운 은사에 대하여 남들에게 간증하는 것이다.

"할렐루야 새 노래로 여호와께 노래하며 성도의 회중에서 찬양할찌어다"(시 149:1).

성도는 새로 지음받은 새로운 피조물이기에 새로운 구원의 체험과 새로운 감흥과 새로운 노래가 터질 수밖에 없다.

8) 찬송과 성도의 신앙생활 Ⅱ

(1) 전심으로 찬송을 불러야 한다.
"주 나의 하나님이여 내가 전심으로 주를 찬송하고 영영토록 주의 이름에 영화를 돌리오니…"(시 86:12-13).

(2) 주를 바라보고 찬송해야 한다.
"하나님이여 찬송이 시온에서 주를 기다리오며 사람이 서원을 주께 이행하리이다"(시 65:1). 여기에서 시온은 신의 도시 예루살렘을 가리키는 교회를 말한다. 찬송하는 자는 시온의 예루살렘을 바라봐야 할 것이다.

(3) 주께 감사제를 드리고 찬송해야 한다.
"내가 주께 감사제를 드리고 여호와의 이름을 부르리이다"(시 116:17).
"내가 입으로 여호와께 감사하며 무리 중에서 찬송하리니"(시 109:30). 시인은 무엇보다도 구원하여 주심을 감사제로 드리고 찬송하였다.

(4) 항상 기도하고 찬송해야 한다.
"저희가 생존하여 스바의 금을 저에게 드리며 사람들이 저를 위하여 항상 기도하고 종일 찬송하리로다"(시 72:15).
스바(She-ba)는 남 아라비아 백성과 기타 지방에서 홍해를 건너 아비시니아(에디오피아)에 식민한 백성을 말하는데 그 대상들이 자기 나라의 황금 보물을 인도 아프리카에 무역하는 지방이다(사 60:0; 렘 6:20; 겔 27:22). 솔로몬은 가스바산 황금을 드리며 항상 기도하고 찬송을 불렀다.

(5) 심령으로 찬양해야 한다.
"하나님이여 내 마음을 정하였사오니 내가 노래하며 내 심령으로 찬양하리로다"(시 108:1).

(6) 극진히 찬양하는 마음으로 불러야 한다.
"여호와는 광대하시니 극진히 찬양할 것이요 모든 신보다 경외할 것임이여"(시 96:4).
'여호와는 광대하시니' 라는 말은 위대한 여호와 그리스도께서 주시는 구원을 예언하는 찬송인 것이다.

(7) 여호와께 경배하며 찬양해야 한다.
"이에 그 사람이 머리 숙여 여호와께 경배하고 가로되 나의 주인 아브라함의 하나님 여호와를 찬송하나이다"(창 24:26-27).
아브라함의 종은 주인 아들(이삭)의 신부를 구하러 메소포타미아의 나홀성에 이르러 브두엘의 딸 리브가를 만났다.
세속적인 우연이 아니었다.
하나님께서 쉽게 만나게 해주시니 종으로서 주인에게 기쁨을 줄 수 있게 해주신 아브라함의 하나님 여호와께 경배와 찬송을 드렸다.

(8) 하나님께 영광 돌리며 찬양해야 한다.
"지극히 높은 곳에서는 하나님께 영광이요 땅에서는 기뻐하심을 입은 사람들 중에 평화로다 하니라"(눅 2:14).
"가로되 찬송하리로다 주의 이름으로 오시는 왕이여 하늘에 평화로 가장 높은 곳에 영광이로다"(눅 19:38).

(9) 비파와 수금으로 소리높여 찬양해야 한다.

"지존자여 십현금과 비파와 수금의 정숙한 소리로 여호와께 감사하여 주의 이름을 찬양하며"(시 92:1).

"춤 추며 그의 이름을 찬양하며 소고와 수금으로 그를 찬양할찌어다"(시 149:3).

"수금으로 여호와께 감사하고 열줄 비파로 찬송할찌어다"(시 33:32).

"그런즉 내가 하나님의 단에 나아가 나의 극락의 하나님께 이르리이다. 하나님이여! 나의 하나님이여! 내가 수금으로 주를 찬양하리이다"(시 43:4).

"여호와께서 나를 구원하시리니 우리가 종신토록 여호와의 전에서 수금으로 나의 노래를 노래하리로다"

성경의 악기들은 오늘날의 분류에 따라 현악기, 관악기, 타악기로 나눌 수 있다.

(10) 음성으로 찬양해야 한다.

"수금으로 여오화를 찬양하라 수금과 음성으로 찬양할찌어다"(시 98:5).

(11) 현악과 퉁소로 찬양하라.

"춤추며 그의 이름을 찬양하며 현악과 퉁소로 찬양할찌어다"(시 150:4).

(12) 춤추며 그의 이름으로 찬양하며

"춤추며 그의 이름을 찬양하며 소고와 수금으로 그를 찬양할찌어다"(시 149:3).

시인은 구원받은 성도로 구원받은 놀라운 축복에 춤추지 않을 수 없었던 것을 볼 수 있다.

(13) 나팔소리로 찬양해야 한다.
"나팔소리로 찬양하며 비파와 수금으로 찬양할찌어다"(시 150:3).

(14) 악대를 조직하여(교회 오케스트라) 찬양해야 한다.
"사천은 문지기요 사천은 다윗을 찬송하기 위하여 지은 악기로 여호와를 찬송하는지라"(대상 23:5).

9) 찬송과 성도의 신앙생활 Ⅲ

(1) 밤에도 여호와께 찬양하며
"너희가 거룩한 절기를 지키는 밤에와 같이 노래할 것이며 저를 불며 여호와의 산으로…"(사 30:29).
"밤중 쯤 되어 바울과 실라가 기도하고 하나님을 찬미하매 죄수들이 듣더라…"(행 16:25-26).
"밤에 여호와의 집에 섰는 여호와의 모든 종들아 여호와를 송축하라"(이 시편은 인사와 답사식으로 된 시라고 Delitzch 주석은 말하고 있다).
성전 순례자들이 밤에 근무하는 레위지파 사람들에게 여호와를 송축하라고 하매 제사장들은 순례자들을 축복한 것이라고 한다. 그러나 칼뱅은 이 시인이 제사장들에게 말한 것 뿐이요, 이 시의 말씀이 제사장들을 상대로 준 말씀이라고 한다.

(2) 찬송은 정직한 자만 찬양해야 한다.

"너희 의인들아 여호와를 즐거워하라 찬송은 정직한 자의 마땅히 할바로다"(시 33:1).

(3) 할렐루야로 찬양해야 한다.

"죄인을 땅에서 소멸하시며 악인을 다시 있지 못하게 하실찌로다 내 영혼아 여호와를 송축하라 할렐루야"(시 104:35).
"할렐루야 내 영혼아 여호와를 찬양하라"(시 146:1).
"할랄루야 우리 하나님께 찬양함이 선함이여"(시 147:1).
"할렐루야 하늘에서 여호와를 찬양하며 높은 데서 찬양할찌어다"(시 148:1).
"할렐루야 그 성소에서 하나님을 찬양하며"(시 150:1).

할렐루야로 찬송할 이유는 그는 천지 만물을 창조하신 분이요, 약속하신 것은 영원히 진실하시며 사랑과 자비가 우리를 만족케 하시고 우리의 원수를 치시며 영원한 세계의 아들로 삼아 주셨기 때문이다.

시인은 할렐루야의 최고봉에 올라가(하늘 높은 곳 성소, 내 영혼 등) 깃발을 꽂는다.

(4) 주를 더욱 찬양해야 한다.

"나는 항상 소망을 품고 주를 더욱 더욱 찬송하리이다"(시 71:14).

(5) 헌신하면서 찬양해야 한다.

"이스라엘의 두령이 그를 영솔하였고 백성이 즐거이 헌신하였으니 여호와를 찬송하라"(삿 5:2).

(6) 여호와 하나님의 거룩하심을 찬양해야 한다.

"서로 청화하여 가로되 거룩하다. 만군의 여호와여 그 영광이 온 땅에 충만하도다"(사 6:3).

"네 생물이 각각 여섯 날개가 있고 그 안과 주위에 눈이 가득하더라. 그들이 밤낮 쉬지 않고 이르기를 거룩하다 거룩하다 거룩하다 주 하나님 곧 전능하신 이여 전에도 계셨고 이제도 계시고 장차 오실 자라"(계 4:8).

10) 찬송과 성도의 신앙생활 Ⅳ

(1) 여호와 하나님의 은혜로우심을 찬양한다.

"내 영혼아 여호와를 송축하며 그 모든 은택을 잊지 말찌어다 여호와는 자비로우시며…인자하심이 풍부하시도다"(시 203:2-8).

(2) 성실하심을 찬양한다.

나의 하나님이여 내가 또 비파로 주를 찬양하며 주의 성실하심을 내 입으로 대대에 알게 하리이다.

"종들아 모든 일에 육신의 성전들에게 순종하되 사람을 기쁘게 하는 자와 같이 눈가림만 하지 말고 오직 주를 두려워하여 성실한 마음으로 하라"(골 3:22).

"너희 모든 성도들아 여호와를 사랑하라 여호와께서 성실한 자를 보호하시고 교만히 행하는 자에게 엄중히 갚으시느니라"(시 31:23).

(3) 여호와 하나님의 위로를 찬양한다.

"찬송하리로다 그는 우리 주 예수 그리스도의 하나님이요 자비의 아버지시요 모든 위로의 하나님이시며"(고후 1:3-4).

(4) 소망을 주신 여호와 하나님을 찬양한다.
"찬송하리로다 우리 주 예수 그리스도의 아버지 하나님이 그 많으신 긍휼대로 예수 그리스도의 죽은 자 가운데서…"(벧전 1:3). "나는 항상 소망을 품고 주를 더욱 더욱 찬송하리이다"(시 71:14-15).

(5) 여호와 하나님의 영광을 찬양한다.
"다 여호와의 이름을 찬양할찌어다 그 이름을 홀로 높으시며 그 영광이 천지에 뛰어 나심이로다."

(6) 하나님 능력을 찬양한다.
할렐루야 하늘에서 여호와를 찬양하며 높은데서 찬양할찌어다 그의 모든 사자여 찬양하며 모든 군데여 찬양할찌어다. 그것들이 여호와의 이름을 찬양할 것은 저가 명하시면 지음을 받았음이로다

(7) 하나님의 말씀을 찬양한다.
"내가 하나님을 의지하여 그 말씀을 찬송하며 여호와를 의지하여 그 말씀을 찬송하리이다"(시 56:10).

(8) 하나님의 이름을 찬양한다.
"할렐루야 여호와의 종들아 찬양하라 여호와의 이름을 찬양하라 이제부터 영원까지 여호와의 이름을 찬송할찌로다 해돋는 데서부터 해지는 데 까지 여호와의 이름이 찬양을 받으시리로다"(시 113:1-3).

현악기

(1) 수금

창세기 4장에 최초로 언급된 악기가 수금과 퉁소인데 수금의 원래 이름은 킨노르(Kinnor)이며, 영어 성경에는 하프로 많이 번역되어 있다. 다만 다니엘 3장에 언급된 수금을 키시라(Kithare)이며 영어성경에는 씨터(Zither) 등으로 번역되어 있다.

이 악기는 오늘날의 기타(Guitar)의 이름과 연관이 있는데 키타는 라틴어의 치타라(Cithara)에서 유래했다. 킨노르는 이것이 하프 종류인지 리라(Lyre) 종류인지는 확실하지 않으며 학자들에 따라서는 리라로 주장되기도 한다.

이 칸노르의 최초의 형태는 두 면만 뼈대를 갖추고 나머지 한 쪽은 악기의 가장 긴줄로 되어 있다. 줄은 낙타의 창자 같은 것을 말려서 사용했으며 주로 반주악기로 사용되었고 간혹 독주 악기로도 연주되었다.

이 악기는 백단목과 같은 나무로 만들어졌고 비파와 함께 연주되는 경우가 많았다.

연주는 손가락이나 플렉트럼(Plectrum)현을 퉁길 수 있도록 만들어진 나무조각이나 조개 껍질 같은 것으로 연주했다. 사용된 용도는 매우 다양해서 송별회나 예배시, 축제, 악신을 추방하기 위한 경우 등 여러 분야에 사용되었다.

특히 다윗은 이 악기를 잘 연주 한 것으로 사무엘사 16장에 기록되어 있다.

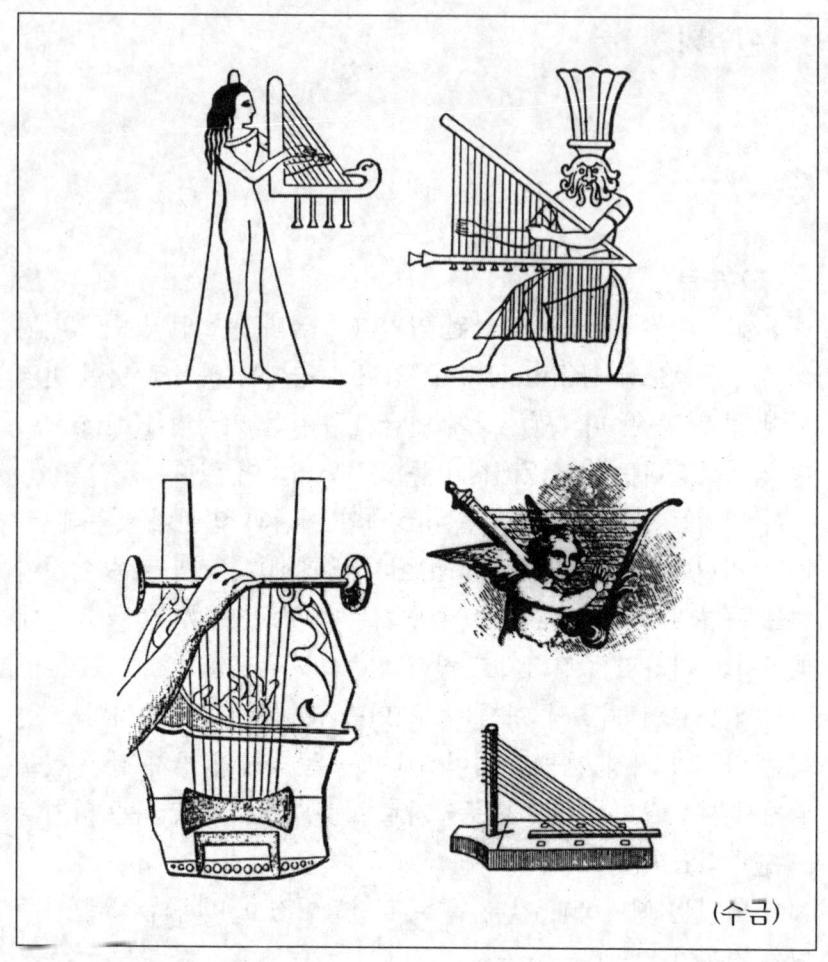

(수금)

(2) 비파

사물엘상 10:5에서 처음으로 언급되었고, 보다 정교하게 만들어진 것으로 미루어 수금보다 후에 만들어졌거나 수금이 발전된 것으로 보인다. 원래의 이름은 네벨(Nebel)이며 어떤 종류의 악기인지는 정확하지 않으나 킨노르를 리라라고 생각하는 사람은 네벨이 하프라고 생각한다. 이 단어의 어원은 둥근 꽃병이나 가죽병

등에서 유래했다고 생각되며 영어성경에는 하프, 리라, 류트(Lute), 샬터리(Psaltery), 비올(Viol) 등으로 다양하게 번역되었다. 이 악기는 수금보다 좀 더 크지만 들고 다닐 수 없었던 정도의 크기였던 것 같다. 이 비파도 수금처럼 전나무나 백단향목으로 만들어졌으며 그 용도는 수금과 거의 비슷하다. 또 네벨(Nebel-Azor)은 10줄을 가진 비파로 생각된다.

(비파)

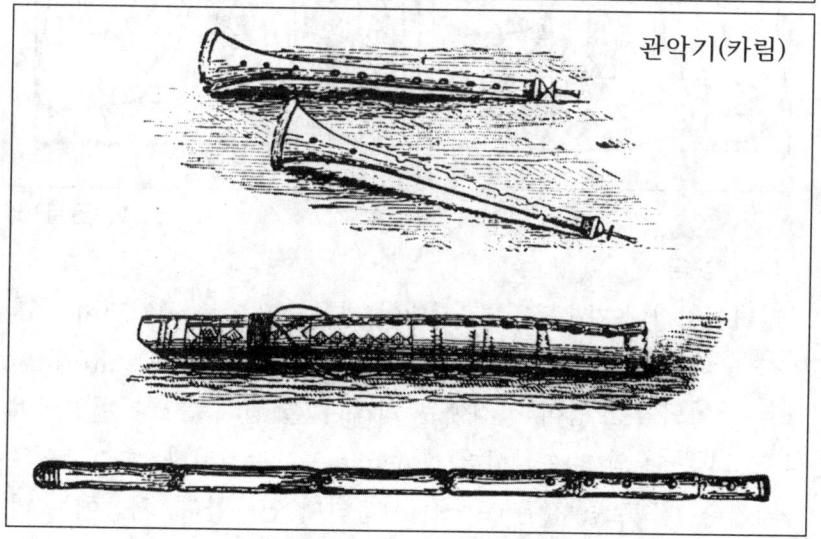

관악기(카림)

(3) 삼현금

다니엘 3장에 언급되었다. 바벨론 계통의 악기로 생각되며 원이름은 사베카(Sabeca)이다. 그리스나 로마인들에게는 삼부카(Sambuca)라는 삼각형 하프의 일종으로 알려졌다. 이 악기의 형태에 대해서는 두 가지 견해가 있는데 그 하나는 높은 음을 내는 작은 하프라는 것과 다른 견해는 여러 개의 현을 가진 큰 하프라는 것이다. 영어 성경에는 하프 등으로 번역되었다.

(삼현금)

(4) 양금

다니엘 3장에 기록되었다. 갈대아 계통의 악기로 생각되며 원래 이름은 산데린(Psntering) 칠십인 역에는 살데리온(Psaltering)으로 번역되었고 영어 성경에는 리라나 살터리 등으로 번역되었다. 그러나 이 악기는 살시머(Dulcimer)로 추정된다. 손가락으로 퉁기거나 플렉트럼 같은 도구를 사용하여 연주한다. 처음에는 나무판자 위에 여러 개의 현을 가로질러 매어 그것을 퉁기는 정도로 간단하였으나 시간이 지남에 따라 점점 발전되어 공명통을 부착하고 햄머와 같은 채를 이용하여 연주하게 되었다.

이 악기는 피아노의 전신 클라비코드(Clavichord)나 챔발로(Cembalo) 등으로 발전했다고 생각된다.

(양금)

양금(타악기)은 사무엘하 6:5에 기록되었는데 이 양금의 원래 이름은 메나네임(Menaaneim)이다. 다니엘 3장의 양금이 현악기인데 비해서 이 양금은 타악기이다. 영어성경에는 시스트롬(Sistrum)으로 번역되었으며 즐거운 행사시에 사용되었다.

(5) **현악과 통소로 찬양해야 한다.**

"소고치며 춤추어 찬양하며 현악과 통소로 찬양할찌어다"(시

150:4). 퉁소는 관악기로서 창세기 4장에 수금과 함께 최초로 언급된 악기이다. 원래의 이름은 우갑(Ugab)인데 영어성경에는 역시 플룻으로 번역되었다. 이 악기의 형태는 팬 파이프(Pan's Pipe)와 유사하며 헬라인들은 시링크스(Syrinx)라 불렀다. 파이프 오르간이 이 악기에서 발전했으며 국악기와 유사한 점이 있다.

관악기(우갑)

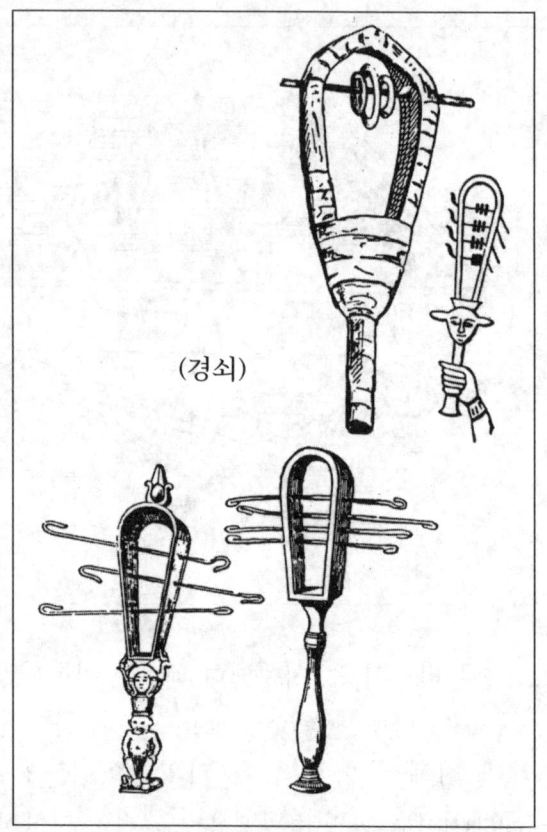

(경쇠)

(6) 큰 소리나는 제금으로 찬양해야 한다.

"큰 소리나는 제금으로 찬양하며 높은 소리난 제금으로 찬양할찌어다"(시 150:5).

제금은 타악기로 사무엘하 6:5에 언급되었다. 원래의 이름은 무칠타임(Mtziltay)이며 영어성경에는 심벌즈로 번역되었다. 크기와 형태는 다양하나 대체로 오늘날의 접시와 비슷한 모양이었으며 연주하는 방법은 한 쌍의 이 악기를 서로 부딪치거나 두드려서 소리를 내었다.

(제금)

(7) 반차를 따라 주를 찬양해야 한다.

"레위 사람의 어른은 하사뱌와 세레뱌와 갓미엘의 아들 예수아라 저희가 그 형제 맞은편에 있어 하나님의 사람 다윗의 명한대로 반차를 따라 주를 찬양하며 감사하고"(느 12:24).

소고(타악기)는 출애굽기 15장에 미리암과 여인들이 춤을 추며 이 악기를 사용하였다는 기록이 있다. 이것도 원래의 이름은 톱이다.

축제나 잔치 때와 같이 즐거운 행사에서 사용되었으며 다른 악기들과 마찬가지로 리듬의 반주용이나 흥을 돋구기 위해서 사용되었다.

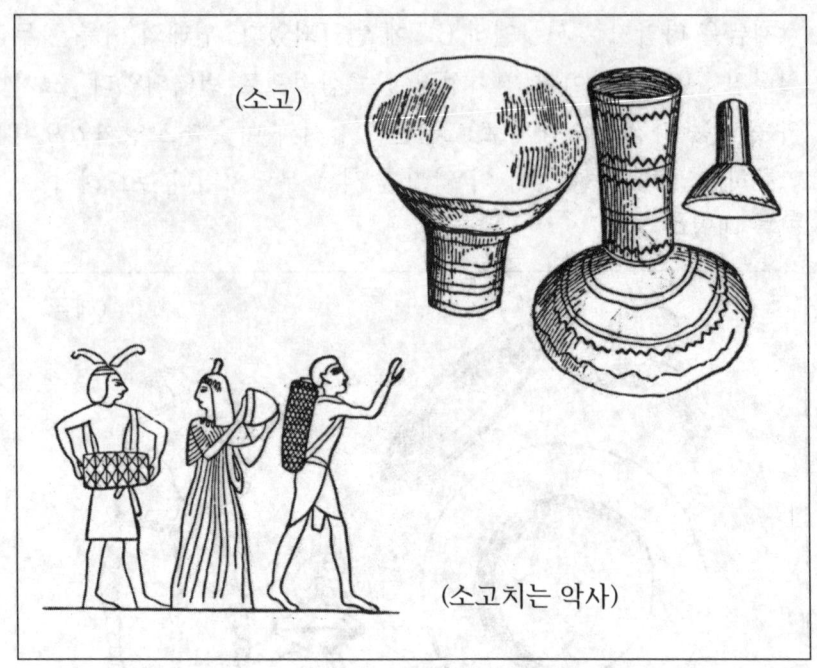
(소고)
(소고치는 악사)

여호사밧의 지도하에 모압 족속을 쳐부수고 예루살렘으로 기쁘게 돌아온 백성들이 비파와 수금과 나팔을 합주하고 즐거운 음악을 연주했다. 바빌론으로 포로로 잡혀갈 때 킨노르를 가져간 것은 하나님을 사랑하는 젊은 다윗이다. 또한 사울의 악신을 쫓아낼 때 사용한 악기이기도 한다.
"하나님의 부리신 악신이 사울에게 이를 때에 다윗이 수금을 취하여 손으로 탄 즉 사울이 상쾌하여 낫고 악신을 그에게서 떠나더라"(삼상 16:23).

북(타악기)은 창세기 31장에 처음 기록되었으며 원래의 이름은 톱(Tioph)이며 영어성경에는 탬버린으로 번역되었다. 이것은 작은 북의 일종이며 오늘날의 탬버린과 같은 작은 쇠조각이 북테두리에 달리게 된 것은 후대에 발전한 것이다.

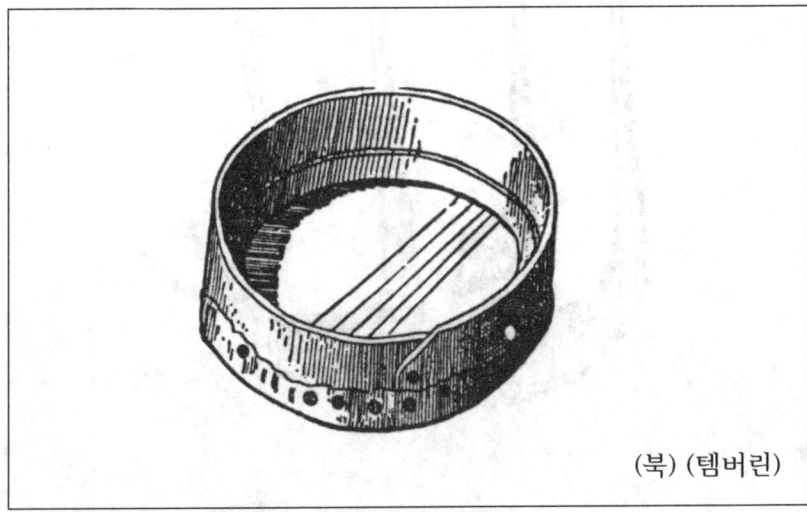

(북) (템버린)

관악기 및 금관악기

나관(지금의 관악기:금관악기)은 커렌(Keren), 소파르(Shopher), 카초츠라(Khatsotsrah) 등의 악기들이 우리말 성경에서는 나팔이라고 동일하게 번역되었다.

나팔은 양의 뿔로 만든 양각 나팔과 금속으로 된 나팔이 다시 사용되었으며 그 용도도 다양하다. 하나님께서 제사할 때나 백성들의 행진과 집결 전쟁의 신호용 등으로도 사용되었으며 하나님께서 시내산 위에서 사용하시기도 하였다.

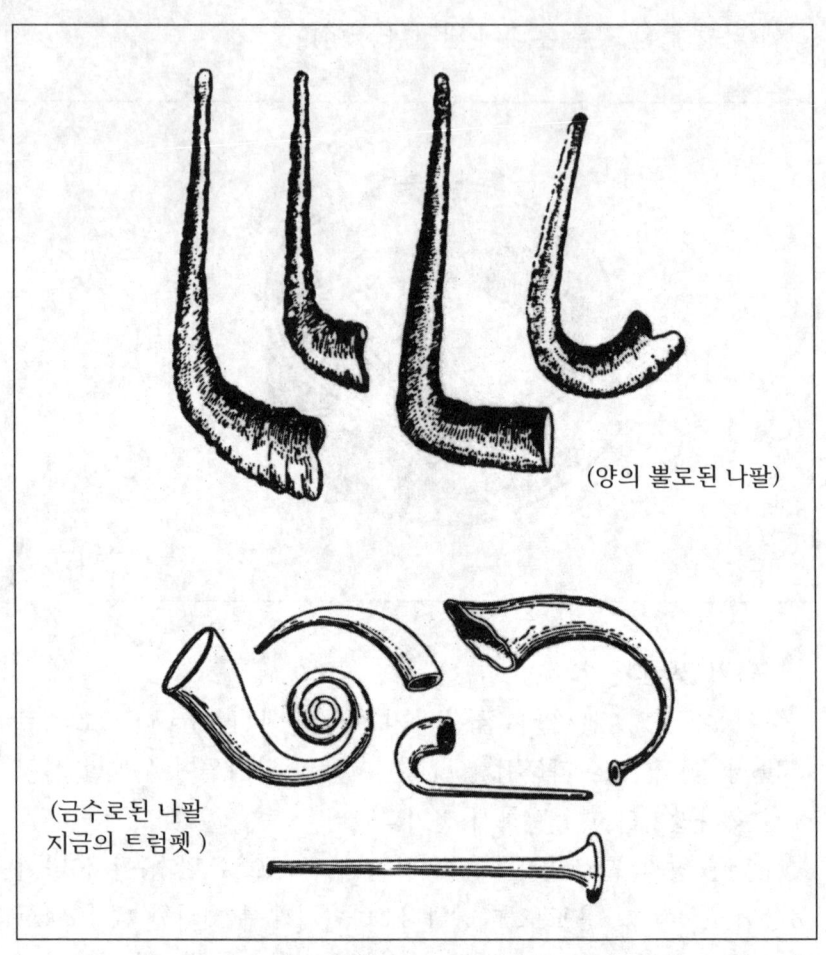

(양의 뿔로된 나팔)

(금수로된 나팔
지금의 트럼펫)

생황(관악기)은 다니엘서 3장에 언급된 악기로 원래의 이름은 숨포니아이며 영어성경에는 파으프달시머 등으로 번역되었다. 이 악기의 이름은 "소리를 같이 낸다."는 뜻을 가지고 있으며 오늘날의 백 파이프(Bag Pipe)와 유사한 악기로 생각된다. 아시아와 유럽에서 이와 비슷한 악기가 많이 발견되며 최초의 형태는 염소 가죽이나 호리병막과 같은 바람통에 취구와 파이프를 꽂은 것이었다.

(생황)

저(관악기)의 원 이름은 칼릴 혹은 할릴이며 영어성경에는 플룻으로 번역되었다. 이악기가 플룻처럼 리드가 있는 악기였는지 또는 오보에나 클라리넷처럼 리드가 있는 악기였는지 정확히 알려진 바 없다. 또 연주방법에 있어서도 앞을 향하게 하고 똑바로 부는 악기였는지(예:오뱅, 단소) 옆을 향하게 하고 부는 악기였는지(예: 플룻, 대금)도 알 수 없다. 그러나 유대인들이 성전에서 리드악기를 사용하였다는 증거는 남아 있다. 이 악기는 즐거운 행사나 장례식과 같은 슬픈 경우에 모두 사용되었다. 사무엘상 10:5에는 선지자의 생도들이 이 악기를 사용하였다고 기록되어 있다.

(1) 찬송은 언제 부르는가?

① 성전에 들어갈 때(교회)

"기쁨으로 여호와를 섬기며 노래하면서 그 앞에 나아갈찌어다 감사함으로 그 문에 들어가며 찬송함으로 그 궁정에 들어가서 그에게 감사하며 그 이름을 송축할찌어다"(시 100:2-4).

② 말씀 들을 때 찬송하며

"내가 옷자락을 떨치며 이르기를 이 말대로 행치 아니하는 자는 하나님이 또한 이와 같이 그 집과 산업에서 떨치실찌니"(느 5:13).

③ 기도 응답으로 찬송하며

"여호와를 찬송함이여 내 간구하는 소리를 들으심이로다"(시 28:6).

④ 궁핍할 때 찬송하며

"학대 받는자로 부끄러이 돌아가게 마시고 가난한 자와 궁핍한 자로 주의 이름을 찬송케 하소서"(시 74:21).

⑤ 여호와께 감사로 찬송하며

"때에 제사장들은 직분대로 모셔 서로 레위 사람도 여호와의 악기를 가지고 섰으니 이 악기는 전에 다윗왕이 레위 사람으로 여호와를 찬송하려고 만들어서…"(대하 7:6).

⑥ 병들었을 때 찬송하며

"뛰어서서 걸으며 그들과 함께 성전으로 들어 가면서 걷기도 하고 뛰기도 하며 하나님을 찬미하니"(행 3:8).

⑦ 회개할 때 찬송하며

"하나님이여 나의 구원의 하나님이여 피 흘린 죄에서 나를 건지소서 내 혀가 주의 의를 높이 노래하리이다…"(시 51:14).

⑧ 새벽과 저녁마다 찬송하며

"새벽과 저녁마다 서서 여호와께 축하하며 찬송하며"(대상 23:30). "비파야 수금아 깰지어다 내가 새벽을 깨우리로다" (시 108:2).

⑨ 아침마다 매일 찬송하며

"나는 주의 힘으로 노래하며 아침에 주의 인자하심을 높이 부르오리니 주는 나의 산성이시며 나의 환난날에 피난처이니이다"(시 59:16).

⑩ 매일 밤마다 찬송하며

"너희가 거룩한 절기를 지키는 밤에와 같이 노래할 것이며 저를 불며 여호와의 산으로 가서 이스라엘의 반석에게로 나아가는자 같이 마음에 즐거워할 것이다"(사 30:29).

"밤중 쯤 되어 바울과 실라가 기도하고 하나님을 찬미하매 죄수들이 듣더라"(행 16:25).

"낮에는 여호와께서 그 인자함을 베푸시고 밤에는 그 찬송이 네게 있어 생명의 하나님께 기도하리로다"(시 42:8).

⑪ 하루에 일곱 번씩 찬송하며

"주의 의로운 규례를 인하여 내가 하루에 일곱 번씩 주를 찬양하나이다"(시 119:164).

⑫ 기쁠 때 찬송하며

"나의 중에 고난 당하는 자가 있느냐 저는 기도할 것이요 즐거워 하는 자가 있느냐 저는 찬송할찌어다"(약 5:13).

⑬ 슬플때도 찬송하며

"내가 모태에서 적신이 나왔사온즉 또한 적신이 그리로 돌아가 올찌라 주신 자도 여호와시요 취하신 자도 여호와시오니 여호와의 이름이 찬송을 받으실찌니이다"(욥 1:21).

⑭ 시시때때로 찬송하며

"내가 여호와를 항상 송축함이 내 입에 계속하리로다"(시 34:1).

⑮ 날마다 찬송하며

"여호와께 노래하며 그 이름을 송축하며 그 구원을 날마다 전파할찌어다"(시 96:2).

⑯ 평생 동안 찬송하며

"나의 평생에 여호와께 노래하며 나의 생존한 동안 내 하나님을 찬양하리로다"(시 104:33).

"나의 혀가 주의 의를 말하며 종일토록 주를 찬송하리이다"(시 35:28).

"여호와께서 나를 구원하시리니 우리가 종신토록 여호와의 전에서 수금으로 나의 노래를 노래하리로다"(사 38:20).

"주의 인자가 생명보다 나으므로 내 입술이 찬양할 것이라 이러므로 내 평생에 주를 송축하며 주의 이름으로 인하여 내 손을 들리이다"(시 63:3-4).

"나의 생전에 여호와를 찬양하며 나의 평생에 내 하나님을 찬송하리로다"(시 146:2).

⑰ 자손에게까지 대대로 찬송하며

"우리가 이를 그 자손에게 숨기지 아니하고 여호와의 영예와 그 능력과 기이한 사적을 후대에 전하리로다"(시 78:4).

⑱ 숨질 때까지 찬송하며

"나의 평생에 여호와께 노래하며 나의 생존한 동안 내 하나님을 찬양하리로다"(시 104:33).

⑲ 전쟁시에도 찬송하며

"그 핫 자손과 고라 자손에게 속한 레위 사람들은 서서 심히 큰소리로 이스라엘 하나님 여호와를 찬송하니라"(대하 20:19).

"여호와께서 예정하신 몽둥이를 앗수르 위에 더하실 때마다 소고를 치며 수금을 탈 것이며 그는 전쟁 때에 팔을 들어 그들을 치시리라"(사 30:32).

⑳ 낙심될 때 불안할 때 찬송하며

"내 영혼아 네가 어찌하여 낙망하며 어찌하여 내 속에서 불안하여 하는고 너는 하나님을 바라라 그 얼굴의 도우심을 인하여 내가 오히려 찬송하리로다"(시 42:5-6).

㉑ 주를 묵상할 때 찬송하며

"골수와 기름진 것을 먹음과 같이 내 영혼이 만족할 것이라…"(시 65-6).

㉒ 포로에서 돌아올 때 감사 찬송하며

"여호와께서 시온의 포로를 돌리실 때에 우리가 꿈꾸는 것 같았도다…"(시 126:1-2).

㉓ "하나님께 영원부터 영원까지 찬양할찌어다 모든 백성들아 아멘 할찌어다 헬렐루야"(시 106:48; 시 89:52).

㉔ 여호와를 찾으면서 영원히 찬송하며

"겸손한 자는 먹고 배 부를 것이며 여호와를 찾는 자는 그를 찬송할 것이라 너희 마음은 영원히 살찌어다"(시 22:26).

㉕ 종일토록 주를 위해 찬송하며

"나의 혀가 주의 의를 말하며 종일토록 주를 찬송하리이다"(시 35:28).

㉖ 너희가 모일 때마다 감사 찬송하며

"그런즉 형제들아 어찌할꼬 너희가 모일 때에 각각 찬송시도 있으며"(고전 14:26).

㉗ 하나님께 항상 찬송하며
"내가 모태에서부터 주의 붙드신 바 되었으며 내 어미 배에서 주의 취하여 내신 바…나는 항상 주를 찬송하리이다"(시 71:6).

11) 찬송과 성도의 신앙생활 Ⅴ

(1) 찬송은 어디에서 불러야 하나?
① 궁정에서 불러야 한다(교회)
"날마다 마음을 같이하여 성전에 모이기를 힘쓰고 집에서 떡을 떼며 기쁨과 순전한 마음으로 음식을 먹고 하나님을 찬미하며 또 온 백성에게 칭송을 받으니 주께서 구원 받는 사람을 날마다 더하게 하시니라"(행 2:46-47).
② 침상에서 기쁨으로 찬송을 불러야 한다.
"성도들은 영광 중에 즐거워하며 저희 침상에서 기쁨으로 노래할찌어다"(시 149:5).
③ 옥 중에서 기도하며 찬송을 불러야 한다.
"밤중 쯤 되어 바울과 실라가 기도하고 하나님을 찬미하매 죄수들이 듣더라"(행 16:25).
④ 교회에서 하나님께 찬송을 불러야 한다.
"내가 주의 이름을 내 형제들에게 선포하고 내가 주를 교회 중에서 찬송하리라"(히 2:12).
"늘 성전에 있어 하나님을 찬송하리라"(눅 24:52).
"할렐루야 새 노래로 여호와께 노래하며 성도의 회중에 찬양할찌어다"(시 149:1).
⑤ 정직한 마음으로 여호와께 감사 찬송을 불러야 한다.

"할렐루야 내가 정직한 자의 회와 공회중에서 전심으로 여호와께 감사하리로다"(시 111:1).

"내가 입으로 여호와께 크게 감사하며 무리중에서 찬송하리니"(시 109:30).

⑥ 천국에서 기쁨으로 찬송을 불러야 한다.

"저희가 보좌와 네 생물과 장로들 앞에서 새 노래를 부르니 땅에서 구속함을 얻은 십사만 사천인 밖에는 능히 이 노래를 배울 자가 없더라"(계 14:3).

⑦ 열방 앞에서 주께 함으로 찬송을 불러야 한다.

"땅이 싹을 내며 동산이 거기 뿌린 것을 움돋게 함 같이 주 여호와께서 의와 찬송을 열방 앞에 발생하게 하시리라"(사 61:11).

"주여 내가 만민 중에서 주께 감사하오며 열방 중에서 주를 찬송하리이다"(시 57:9).

⑧ 거룩한 자의 회중에서 하나님께 찬송을 불러야 한다.

"여호와여 주의 기사를 하늘이 찬양할 것이요 주의 성실로 거룩한 자의 회중에서 찬양하리이다"(시 89:5).

"내가 주의 이름을 형제에게 선포하고 회중에서 주를 찬송하리이다"(시 22:22).

"내발이 평탄한 데 섰사오니 회중에서 여호와를 송축하리이다"(시 26:22).

"여호와는 광대하시니 우리 하나님의 성 거룩한 산에서 극진히 찬송하리로다"(시 48:1).

⑨ 신들 앞에서 주께 찬송을 불러야 한다.

"내가 전심으로 주께 감사하며 신들 앞에서 주께 찬양하리이다"(시 138:1).

⑩ 전쟁터에서 하나님께 찬송을 불러야 한다.
"백성으로 더불어 의논하고 노래하는 자를 택하여 거룩한 예복을 입히고 군대 앞에서 행하며 여호와를 찬송하여"(대하 20:21-22).
⑪ 하늘에서 여호와께 찬송을 불러야 한다.
"할렐루야 하늘에서 여호와를 찬양하며 높은데서 찬양할찌어다"(시 148:1).
⑫ 시온에서 찬송을 불러야 한다.
"예루살렘에 처하신 여호와는 시온에서 찬송을 받으실찌어다 할렐루야"(시 135:21).
⑬ 노래하며 땅 끝에서 여호와께 찬송을 불러야 한다.
"항해하는 자와 바다 가운데 만물과 섬들과 그 거민들과 여호와께 새 노래로 노래하며 땅 끝에서부터 찬양하라"(사 42:10).

(2) 주님만을 향하여 음악(찬양)

하나님의 백성들이 음악을 통하여 그분을 찬양할 때 복음 전도도 이룰 수 있다. 그러나 주님의 음악이 전도를 위한 목적으로만 연주되고 세상을 향하여 호소할 때 하나님을 향하여 찬양한다는 찬양의 본질이 악화되는 것이다.

그렇다면 우리는 바울과 실리의 이야기를 통하여 무엇을 배울 수 있는가?

이것은 오직 주님을 향한 기도와 주님을 향한 찬양만이 하나님께서 나와 동행해 주시는 결과를 가져온다는 사실이다.

시편 92:1에는 "지존자여 십현금과 비파와 수금의 정숙한 소리로 여호와께서 감사하며 주의 이름을 찬양하며 주의 인자하심을 나타내며 밤마다 주의 성실하심을 베풂이 좋으니이다."라고 기록하고 있다.

하나님께 음악으로 찬양드리는 것은 좋은 일인데 그 이유는 찬양은 하나님께 속한 것이기 때문이다. 우리 하나님은 선하신 분이다(시 34:8). 또한 하나님께 찬양으로 영광을 돌리는 것 역시 선한 일인데 그 결과 크리스천에게 기쁨이 있게 되고 마음도 안정되기 때문이다. 그리고 가장 실질적인 면에서 좋은 점은 우선 적으로 주님만을 향하여 찬양으로 영광을 돌릴 때에 다른 사람들까지도 우리와 같은 기쁨을 느끼게 만들고 안정되게 해준다는 사실이다. 그리하여 마침내 하나님과 동행할 수 있는 결과를 낳는다.

(3) 찬미제사로 하나님께 드리자.

하나님의 자녀가 주님께 기쁨을 가져다 주는 방법 중 하나는 음악이라는 매개체를 통해서이다. 음악을 만들고 음악을 들을 때에는 마음과 지성과 육체(손, 발, 입) 모두가 참여하는 것이다. 주님께서는 우리가 우리의 모든 것을 그분께 드릴 때에 기뻐하신다. 이러한 시각으로 볼 때 크리스천에게 있어서 음악(찬양)이란 오락이 아니라 제사이다.

"그러므로 우리가 예수로 말미암아 항상 찬미의 제사를 하나님께 드리자 이는 그 이름을 증거하는 입술의 열매니라…"(히 13:15-16).

(4) 성전음악의 중요성

음악은 직업적인 음악가에게 독점된 음악이 아니라 이스라엘의 집이라고 불리는 일반 대중에 의해 행하여 지는 음악이었다.

그러나 언약궤가 예루살렘에 도착하는 두 번째 기록에는 처음으

로 훈련받은 음악인과 (성가대) 그들의 조직이 나타나는데 그들의
임무는 예배를 인도하는 것이었으며 레위 자손들이 세습적으로 그
임무를 맡았다. 모든 형태의 음악적인 악기들이 나타나고 있으며
감사의 내용이 담긴 노래들이 지금까지 기록된 어느 기록보다 더
포괄적으로 나타나고 있다.

  기원전 90년에 지어진 솔로몬 성전 이후로 예배의식은 화려하
고 장엄하게 되었다. 성경은 솔로몬 성전을 봉헌하던 당시의 예배
와 또 그때의 연주했던 음악에 대해 상세하게 기록하고 있다.

  노래하는 레위사람(Contor) 아삽과 헤만과 여두둔과 그 아들들
과 형제들이 다 세마포를 입고 단동편에 서서 제금과 비파와 수금
을 잡고 또 나팔부는 제사장 일백 이십인이 함께 서 있다가 나팔
부는 자와 노래하는 자(성가대 및 실내 관현악단)가 일제히 소리
를 발하여 여호와를 찬송하며 감사하는데 나팔 불고 제금 치고 모
든 악기를 울리며 소리를 높여 여호와를 찬송하며 가로되 선하시
도다 그 자비하심이 영원히 있도다 하며 그때에 여호와의 전에 구
름이 가득한지라.

(5) 성전 예배음악

  고대세계에서 그런 화려한 예식은 결코 특별한 것은 아니었다.
  기원전 이천년 보다 더 오래 전에 있었던 성전예배에 대한 기록
이 이집트와 순메르로부터 자세하게 전해 진다.

  바벨론에도 역시 오랜 기간 동안 형성되어 온 전통들이 있는데
노래하는 사람들(성가대), 연주자들(관현악단), 모든 종류의 조예
가 깊은 예술가들을 위한 조합(음악연구소)이 있었으며 또한 공식
적인 예전에 대한 책들을 편집하고 연구하던 요즈음 말로하면 대
학같은 단체가 있었다.

예루살렘 성전은 기복이 심한 역사를 간직하고 있다.

예루살렘 성전은 기원전 586년에 파괴되고 기원전 520년에 재건되었는데 또 다시 기원전 168년에 부정한 용도로 사용되었다.

기원전 168년에 안티오쿠스가 예루살렘 성전에 이방인의 제단을 세웠던 것이다.

이러한 모든 역사를 통해서 성전예배의 전통은 보전 되었다. 어떤 생생한 기록들은 후대에 기록되었는데 정경으로 인정받고 있는 구약성경 이외의 책에 기록되어 있다.

외경 가운데 하나로 기원전 이천 년 경에 기록된 집회서라는 책에는 속죄 일에 행해진 예배에 대해서 기록되어 있다. 또한 유대인의 교훈이 담겨있는 탈무드에도 속죄 일에 대한 기록이 있는데 다음의 기록은 매일 드리는 현물에 대한 마지막 부분이다.

6. 천국음악

1) 천국음악은 영원한 음악

나에게 개인적으로 임한 계시 가운데서 나를 가장 흥분시킨 계시는 천국에 음악이 있다는 것이었다. 나는 어렸을 때부터 사람이 죽으면 하얀 옷을 입고 날개를 달고 천국에 간다는 말을 항상 들어왔다. 그리고 천국에 가서는 나쁜 짓을 하지 않고 노래를 부르며 구름 사이로 날아다니면서 즐거운 생활을 한다고 들었다. 하지만 그것은 사람들의 공상에 지나지 않는다는 것을 깨닫게 되었다. 나는 점점 성장해 가면서 하나님의 말씀을 믿고 배워감에 따라 구원받은 백성들은 흰옷을 입고 하나님께 음악으로 예배드리는 성가대원 일에 참여한다는 것을 깨닫게 되었다.

사도요한은 하나님께서 천국에서 일어날 일들을 그에게 환상으로 보여 주셨을 때 이러한 사실을 분명하게 보았던 것이다.

"이 일 후에 내가 보니 각 나라와 족속과 백성과 방언에서 아무라도 능히 셀 수 없는 큰 무리가 흰옷을 입고 손에 종려가지를 들고 보좌 앞과 어린양 앞에 서서 큰 소리로 외쳐 가로되(혹은 노래하되) 구원하심이 보좌에 앉으신 우리 하나님과 어린양에게 있도다"(계 7:9-10). 앞에서 언급한 사람들이란 바로 하나님의 선물인 구원을 받아들인 성도들인 것이다.

하나님께서는 요한으로 하여금 그 흰옷 입은 사람들을 볼 수 있도록 허락하셨는데 그들의 흰옷은 그 사람들이 예수 그리스도를 통해 받은 의로움을 의미하는 것이다. 요한은 그들을 보았을 뿐 아니라 그들이 손에 종려가지를 들고서 큰 소리로 부르는 노래 소리도 들었다. 우리도 천국에 가면 종려주일(Plan Sunday)을 지키게 된다. 예수님께서 나귀를 타시고 예루살렘에 돌아가실 때 실제로 이스라엘 백성들이 행했던 것처럼 우리도 천국에 가면 종려가지를 흔들게 될 것이다. 우리의 겉옷을 왕 앞에 던지는 대신에 우리 자신들을 보좌 앞에 던지며 하나님을 영원히 예배할 것이다.

천국에 음악이 있다는 사실을 안 후에 더욱 흥미를 느꼈던 것은 천국의 음악에 성악 뿐만 아니라, 기악도 포함된다는 것을 발견했을 때였다. 즉 천국에서는 노래만 부르는 것이(찬양) 아니라 악기도 연주한다는 것이다. 사실 천국에서는 모든 사람들이 하프를 연주하게 될 것이다.

(1) 천국에서는 찬양으로 노래 부른다.

"또 내가 보니 불이 섞인 유리 바다 같은 것이 있고 짐승과 그의 우상과 그의 이름의 수를 이기도 벗어난 자들이 유리바다 가에 서서 하나님의 거문고를 가지고 하나님의 종 모세의 노래, 어린 양의 노래를 불러 가로되 주 하나님 곧 전능하신이시여 하시는 일이 크고 기이하시도다"(계 15:2).

요한은 짐승(적 그리스도)을 이기고 짐승의 표를 받지 않은 이긴자들이 천국에서 하프를 타고 있는 것을 보았던 것이다. 그것은 음악이었다.

성경은 이 이긴자들이 바로 노래하는 성가대들이라는 것을 강조하여 언급하고 있다. 여기서 요한은 그들이 부르고 있는 노래 가운데 모세의 노래와 어린양의 노래를 언급하고 있다.

주님을 찬양하라! 지상에서 음악에 소질이 있었던 사람들만이 천국에서 악기를 연주하고 노래하는 것이 아니라, 세상을 이기고 욕을 이기고 마귀를 이긴 모든 승리자들이 천국에서 노래하게 될 것이다. 우리는 모두 이긴자가 되어야 한다. 또 승리한 자가 되어야 한다. 그러기 위해서는 예수 그리스도 안에서 굳건한 믿음과 능력을 얻어 짐승과 적그리스도를 이기고 우리 생활에서 우리를 쓰러지게 하는 작은 일들을 담대하게 이겨나가야 하는 것이다. 요한계시록 15장에 의하면 짐승이 나타나기 전에 우리가 옮겨지는 것이 아니라, 우리가 짐승을 이기는 것이다. 할렐루야! 요한은 천국에서 또 다른 무리의 사람들을 보았다.

"내가 하늘에서 나는 소리를 들으니 많은 물소리도 같고 큰 뇌성도 같은데"(계 14:2). 사도 요한에게 웅장하게 들렸던 예배소리에 주목할 필요가 있다. 그는 큰 소리를 폭포수의 엄천난 소리에 비교하였다.

요한은 젯트 비행기나 원자탄의 폭발소리를 들은 적이 없기에 그렇게 비유하였던 것이다. 그는 조용한 시대에 살았으므로 우리가 느끼는 소리의 공해를 알지 못했다. 그래서 그는 이 예배소리를 많은 물소리나 큰 뇌성에 비교하였던 것이다.

"내게 들리는 소리는 거문고 타는 자들의 그 거문고 타는 것 같더라 저희가 보좌와 네 생물과 장로들 앞에서 새 노래를 부르니…"(계 14:2-3).

(2) 축복은 성가대원

성경은 구속함을 받은 144,000명이 하프를 타며 노래 부른다고 기록하고 있다(성가대 찬양). 또한 성경은 그것이 새 노래라고 말하고 있다. 이러한 사실은 노래를 작곡하고 있는 나에게는 매우 흥미있는 말이다. 우리는 보좌 앞에서 전능하신 분의 기름 부음을 받은 성경의 노래를 부르게 될 것이다(택함받은 성가대원). 교회에서 손을 높이 들고 하나님을 찬미할 때 주님으로부터 새로운 노래를 받은적이 여러 번 있었는데 이러한 순간들이야 말로 참으로 특별하고 귀한 순간들인 것이다. 하나님께서는 요한계시록을 통해 천국의 음악에 대해 세 번 언급하고 계신다. "3"이란 숫자는 영원적으로 완전한 숫자를 의미한다. 이는 하나님께서 요한의 환상 가운데 음악에 대해 세 번 언급하심으로 천국 예배에서의 음악의 중요성을 우리들에게 보여주신 것이다.

음악인(성가대원)이여 담대하라! 하나님께서는 신의 재능과 능력을 천국 예배를 위해 사용하시길 원하신다. 소극적으로 노래부르는 자들이여 일어나라. 그리고 큰 소리로 기뻐 노래부르라. 하나님께서는 어린양의 보좌 앞에서 드리는 예배에 음악사역을 필요로 하신다(성가대중 각 파트 독창자).

"책을 취하시매 네 생물과 이십 사 장로들이 어린양 앞에 엎드려 각각 거문고와 향이 가득한 금 대접을 가졌으니…"(계 5:8).

네 생물과 24장로들이 모두 하프(거문고)를 가졌고, 144,000명이 음악가들이었으며(성가대원) 모두 다 이긴자들이었다. 그리고 그들이 부르는 새 노래와 연주는 웅장했다. 성경은 이 노래들과 천사들이 부른 노래들 그리고 모든 피조물이 부른 노래의 가사들을 이렇게 기록하고 있다.

"내가 또 보고 들으매 보좌와 생물들과 장로들을 둘러 선 많은 천사의 음성이 있으니 그 수가 만만이요 천천이라 큰 음성으로 가로되…"(계 5:11-12).

나는 미국 빈야드 집회에서 만명이 넘는 군중이 큰소리로 노래하는 것을 보고 같이 불렀다. 이 얼마나 아름다운 천사의 합창대인가? 얼마나 향기로운 관현악인가? 얼마나 웅장한 악기들과 합창의 어우러짐인가? 사도요한이 찬양의 노래소리를 뇌성이라고 하지 않고 큰 뇌성이라고 한 것은 하나도 이상할 것이 없다.

나는 삼만명의 회중이 손을 높이 들고 주님을 찬양하며 큰소리로 노래하는 것을 보았다(잠실 실내체육관). 강당에는 엄청난 함성이 있었다. 삼만의 군중이 보좌 앞에서 하나님께 올리는 경이로운 찬양의 장면을 우리 성가대원이 한 번 상상할 수 있는가?

(3) 모든 만물들이 찬양한다.

"내가 또 들으니 하늘 위에와 땅 위에와 땅 아래와 바다 위에와 또 그 가운데 만물이…"(계 5:13).

동물들이 주님을 찬양한다는 말이 신학자들을 당황하게 만들지도 모르지만 그러나 사람의 생각이 하나님의 말씀과 같지 않을 경우에는 하나님의 말씀이 진리이고 우리의 생각이 틀린 것이다. 그리고 성경은 분명히 말씀하신다.

위의 모든 만물은 새, 사슴, 벌레, 고래 등 모든 생물을 포함한다. 천국에 있는 것, 땅 위에 있는 것, 땅 밑에 있는 것 그리고 바다 안에 있는 모든 것들을 온전치 만물들이 위대한 음악사역에 참여케 되는 것이다.

"네 생물이 가로되 아멘하고 장로들이 엎드려 경배하더라"(계 5:14).

루시퍼가 반역과 교만 때문에 천국으로부터 타락한 것을 알 수 있다. 그가 타락할 때 그의 음악사역도 타락하였으므로 천국의 음악사역에는 공백이 생기게 되었다.

천국에서 하나님 아버지를 예배할 천사들의 무리를 지휘할 이가 없게 된 것이다. 누가 힘 보좌를 덮을 기름부음 받은 그룹이 될 것인가? 오늘날 교회는 루시퍼에 의해 공석이 된 음악사역의 역할을 담당해야 할 것이다. 주님에 의해 구원받은 우리들은 천사들과 함께 만물을 지휘하고 인도하며 노래와 연주와 하나님을 예배할 것이다. 그리스도의 신부된 우리는 우리의 사랑하는 이와 다시 합하여 우리의 사랑을 고백하고 그분의 엄위하심과 아름다우심을 노래하며 사랑의 노래를 영원히 부르며 보좌 앞에 서게 될 것이다. 천사들이 모세의 노래와 어린양의 노래를 합창할 때 우리는 악기로 반주할 것이다. 또 우리는 아름다운 화음과 선율로써 하나님의 위대한 구원과 하나님의 거룩하심을 찬양할 것이다. 온 우주가 태초에 그러했던 것처럼 다시 한 번 아름다운 음악을 부르게 될 것이다.

"그때에 새벽 별들이 함께 노래하며 하나님의 아들들이 다 기쁘게 소리 하였었느니라"(욥 38:7).

(4) 음악 사역

음악사역이란 아름다운 사역이요(성가대 봉사), 능력의 사역이다. 하나님께서는 태초부터 음악이 필요하다고 생각하셨으며 모든 것을 마치기 위해서는 음악이 다시 회복되는 것이 반드시 필요하다고 보셨다.

2) 음악과 기름 부음

(1) 특별한 사명자(성가대원)

그저 아름답거나 단순히 어떤 특별함을 나타내기 위한 음악이 아니라, 섬기기 위한 목적을 가지고 노래하거나 연주를 한다면 그 음악에는 반드시 기름 부음이 있어야 한다(성가대 주일날 하나님께 찬양으로 예배드리는 것을 말함). 이것은 매우 중요한 사실이다. 세상의 음악은 사람들을 정서적으로 감동시키기 위하여 연주된다. 기독교 음악 역시 사람들을 감동시키고 마음을 움직이는 것이 사실이다. 그러나 그것이 결코 기독교 음악의 전부는 될 수 없다.

만약 그렇게 생각하고 있다면, 그것은 크게 잘못된 생각이다. 왜냐하면 하나님의 음악은 예수님을 나타내고 영화롭게 하는 것으로써 생명과 진리를 섬기는 높은 차원의 음악이기 때문이다(하나님을 위한 찬양). 그리고 그것은 오직 기름 부음을 받는 음악가들에 의해서만 가능한 것이다. 다시말해 하나님의 성령이 그들에게 넘치도록 충만해야 가능하다는 이야기이다.

그렇다면 그 기름 부음이란 무엇일까? 구약시대에 보면 왕이 제사장에 취임할 때 반드시 기름 부음을 받았던 것을 알 수 있다. 즉 그 머리위에 기름을 붓는 의식이 행해졌던 것이다(출 29:7). 이러한 의식을 거침으로써 그는 하나님께로 성별되는 것이다. 출애굽기 28:2에 보면, 하나님께서 모세에게 다음과 같이 말씀하신 것이 기록되어 있다. "너는 그것들로 네 형 아론과 그와 함께한 그 아들들에게 입히고 그들에게 기름을 부어 위엄하고 거룩하게 하여 그들로 제사장 직분을 내게 행하게 할찌며." 성경에 나오는 기름이란 성령을 상징한다.

하나님께서는 제사장들과 노래하는 아들을 포함한 모든 음악가들 그리고 하나님의 전에서 섬기는 일을 하는 모든 사람들이 다 기름 부음을 받기를 원하고 계신다. 만약 우리의 인생과 사역 안에 성령의 임재하심이 없다면 우리는 하나님을 가까이 모실 수 없을 것이며 커다란 체험을 할 수 없을 것이다.

그러나 하나님께서 택하신 성가대원이나 독창자들이 기름 부음을 받아 성령님의 임재 하심이 그들의 음성과 악기에 대담하게 되면 위대한 일들이 일어나게 된다. 솔로몬 왕의 성전 봉헌식에서 독창자들이 노래했을 때 하나님의 영광이 성전에 가득하여 제사장들이 그 자리에 서 있을 수 없었던 것은 이상한 일이 아니다. 이는 역대하 5:12에 노래하는 자들, 즉 레위인들이 기름 부음을 받고 성령에 충만하였기 때문이다. 하나님의 기름 부음심이 그들의 음악에 임하자 그들이 하나로 연합하여 찬양하였던 것이다.

(2) 하나님께서 찬양(성가대)에 함께 거하셨다.

"나팔 부는 자와 노래하는 자가 일제히 소리를 발하여 여호와를 찬송하며 감사하는데…"(대하 5:13).

이 말씀에서와 같이 노래하는 이들과 연주하는 이들은 하나의 소리를 만듦으로써 연합되었으며 진실된 찬양을 드렸던 것이다.

"제사장이 그 구름으로 인하여 능히 서서 섬기지 못하였으니 이는 여호와의 영광이 하나님의 전에 가득함이었더라"(대하 5:14).

하나님께서는 그들의 찬양함에 거하셨다. 그러면 어떻게 우리들이 찬양 속에 하나님의 능력과 성명이 임재하도록 할 수 있을까? 그 대답은 매운 간단하다. 바로 기도를 통해서이다. 기름 붓는 자는 우리가 아니라 바로 예수님과 성령님이신 것이다. 그러므로 우리는 우리가 노래를 부르거나 악기로 연주할 때 그리고 찬양으로 인도할 때 반드시 성령님의 인도하심을 따라야 하는 것이다. 그렇게 함으로써 우리가 연주하고 노래하는 찬양은 성령님의 기름으로 충만해지며 우리의 찬양을 받으시는 하나님을 기쁘게 해 드릴 수 있기 때문이다. 오늘날 찬양 인도자들의(성가대 지휘자) 대부분이 예배를 인도하는데 있어서 많은 과오를 범하고 있다. 즉 하나님께서 그 백성을 통해 찬양받기 원하시는 노래에 대해서는 여쭤보지도 않은 채 자신이 좋아하는 곡이나 유행하는 곡을 부르는 것이 잘못 되었다는 것은 아니지만, 우리가 좋아하는 곡, 목사가 좋아하는 곡을 묻기 전에 하나님께서 좋아하시는 곡을 먼저 여쭤보는 것이 우선 되어야만 한다. 하나님께서는 각 예배마다 뜻하신 목적과 소원이 분명히 있으시다. 우리는 그냥 모이는 것이 아니라, 예배를 드리기 위해 모인 것이다.

만약 예배의 행위만을 위해 모이는 것이라면 그것은 형식이요, 한낱 종교에 지나지 않는다. 그러나 우리는 왕 중의 왕이요, 주 중의 주님이신 분을 예배하기 위해서 그리고 그 예배를 통하여 하나님께서 우리들에게 하시는 말씀을 듣고 응답하기 위하여 모이는 것이다. 예배를 통해 하나님께서 무엇을 이루고자 하시는지를 알기 위해서는 먼저 하나님의 마음을 살펴야 한다. 설교자가 어떤 말씀을 선포할지 연구하고 기도하며 하나님께 묻는 것과 마찬가지로 찬양 인도자(지휘자)는 어느 곳으로 회중을 인도해야 하는지를 하나님께 여쭤 보아야만 한다. 만약 온몸이 기름 부음으로 덮이지 않는다면 우리의 육체가 보일 것이다.

그러므로 우리들이 머리 끝부터 발 끝까지 그리고 어른에서 아이에 이르기까지 성령님의 기름 부음으로 충만해야 하는 것이다. 주님의 임재 앞에 어떠한 육적인 것도 자랑하지 않게 될 만큼 나의 몸을 완전히 기름 부음으로 흠뻑 적시게 해달라고 기도해야 한다.

(3) 예배음악을 위해 주님이 뜻하시는 바가 무엇인지?

작곡자, 독창자, 찬양 인도자, 성가대, 오케스트라 단원, 지휘자들이 모두 기름 부음을 충만히 받는다는 것은 매우 중요하다. 하나님께서 그 예배를 위해 무슨 말씀을 하시려고 하는지 몰라서 그 뜻과 주제를 찾기 위해 이곡, 저곡을 찾는다는 것은 안타까운 일이다. 이러한 예배가 끝난 뒤에 당신은 하나님께서 무엇을 말씀하셨는지 분명히 말할 수 있을 것이다. 왜냐하면 처음부터 끝까지 한 주제가로 흘러서 그 예배의 모든 부분이 흐트러지지 않고 지속되었기 때문이다.

예배의 흐름이란 그 예배를 참석한 성도, 목사, 찬송 인도자, 성가대원 지휘자, 오케스트라 등 모두가 그 예배를 위해 주님이 뜻하시는 바가 무엇인지를 간구하고 기도하는 가운데서만 알 수 있다. 하나님께서 우리에게 어떤 특정한 생각이나 노래, 말씀 등을 주시지 않을 때는 계속 기도하는 것이 좋다. 하나님께서 원하시는 것을 찾다보면 결국 성가대의 찬양과 목사의 설교 주제가 동일했다는 것을 발견하게 될 것이다. 예배시 드린 찬양이 큰 영광을 가져오게 되면 성령님의 역사가 강하게 일어날 것이며 설교가 미처 끝나기도 전에 수많은 성도들이 강대상으로 나와 주님을 영접하게 될 것이다. 왜 이러한 일들이 일어날까? 그것은 우리들이 하나님의 뜻대로 역사하시도록 해드렸기 때문이다.

우리의 예배가 하나님께 온전히 드려지기를 원한다면 예배에 있어서 기름 부음과 일정한 흐름은 절대적으로 필요하다. 기름 부음과 예배 흐름이 없다면 그 모임은 순서가 흐트러지게 되고 생명력을 잃게 될 것이다. 그러나 예배에 참석한 모든 사람들에게 기름 부음이 충만하다면 그 예배는 분명히 하나님의 임재하심이 충만하여져서 솔로몬의 성전 봉헌식과 똑같은 위대한 일들을 체험하게 될 것이다.

(4) 한 목소리로 주님을 찬양하라.

우리가 다같이 한 목소리로 주님을 임재하고 찬양할 때 바로 그 곳에 연합함이 있는 것이다. 이 연합함은 오직 기도와 통일된 흐름을 통해서 그리고 하나님께서 받고자 하시는 뜻과 소원대로 우리가 섬기려고 노력할 때만이 가능한 것이다.

기름 부음을 구하지 않은 채, 노래하고 연주하는 것은 그저 한낱 아름다운 소리에 불과하게 될 것이다. 하나님께서는 우리가 음악으로(즉 찬양) 하나님을 섬길 때 그로부터 우리가 기름 부음 받기를 원하신다. 삶의 멍에를 풀어주고 갇힌 자들을 자유케 할 수 있는 것은 어떠한 인간의 재능이 결코 아니다.

당신의 훌륭한 재능으로도 불가능하다. 그것은 오직 하나님의 영광스러운 찬양에 의해서만 가능한 것이다. 하나님의 멍에를 푸는 것은 기름 부음 때에 있다고 가르치고 있다. 우리들의 음악(찬양)이 섬기기 위한 목적이라면 기름 부음은 절대적으로 필요하다.

"이는 힘으로 되지 아니하며 능으로 되지 아니하고 오직 나의 신으로 되느니라."

3) 회당음악의 발전 동기

성경은 회당음악이 점차적으로 발전해 왔다는 사실에 대해 충분한 증거를 제공한다. 그리고 회당음악의 시작은 바벨론 유수로 불리는 바벨로 포로기로 알려져 있다. 그러나 가르치는 곳으로서의 회당과 건물로서의 회당을 구분하는 것은 중요한 일이지만 그 말 자체가 갖고 있는 의미는 단순한 모임의 장소일 뿐이다.

기원전 6세기 초에 바벨론으로부터 다시 유대당으로 돌아오는 시기를 다루고 있는 느헤미야서는 군중들이 광장에서 모인 집회에 대하여 살아 있고 생생한 기록을 전하고 있다. 학사 에스라가 특별히 나무강단에 서매 거기서 그는 율법을 낭독했다.

일반 공동생활을 위한 모임이든, 예배를 위한 모임이든, 특히 종교적인 교훈을 위한 모임이든 모인다는 것은 예사로운 일이 되었다. 신약성경에서는 특별한 종교적인 가르침이나 문제 해결을 위해서 자주 집회를 가진 사실에 대해 많은 예를 보여주고 있다. 그러한 집회가 처음으로 시작된 때는 기원전 3세기 중엽이었는데 그 당시는 유대인들이 이집트에서 뿔뿔이 흩어져서 생활하던 때였다. 회당예배의 스타일은 성전에서 드리던 예배에서는 희생제사 제도가 없어졌는데 희생 제사에 대해 언급한 것을 낭독하거나 기도하는 것으로 희생제사를 대신하였고 제단도 없어졌다. 여호수아 벤가나니아(Joshua Ben Cananiah)라는 레위 족속의 한 사람은 예수 그리스도께서 이 세상을 떠나신 후 얼마 지나지 않아 다음과 같은 기록을 남겼다.

성전의 성가대원들은 한 덩어리가 되어 제단 옆에 있는 성가대석으로부터 회당에 가곤했다. 그래서 그들은 성전예배와 회당예배 둘 다 참석했다. 그는 성전과 회당 간에 갈등이 있었던 때에 기록을 남겼는데 그의 기록을 통해 두 기관의 차이점을 알 수 있다. 베르너가 쓴 '거룩한 다리(The Sacred Bridge)'라는 책에는 다음과 같이 기록하고 있다. 성전은 예배의식에 한 스타일, 성직 계급 제도, 희생제사, 경직된 조직을 발전시켜 왔으며 그리하여 제사의식을 관리하던 사람들과 믿음의 공동체의 무리들과의 차이를 낳게 했다. 믿음의 공동체의 무리들은 거의 방관자로만 존재했다.

(1) 회당 예배제도

한편, 회당예배는 대대로 내려오는 제사장 가문에 의해서 인도되던 것이 평민들에 의해서 조직되고 인도되었다. 회당예배는 율법서와 선지서를 읽는 것과 시편낭송 가르침(지금의 설교에 해당됨), 기도, 그리고 마지막으로 축복 등으로 이루어졌다.

시편 낭송 및 기도 말씀의 낭동은 노래형식으로 읊조리는 것이었다. 즉 간단한 노래를 하는 것처럼 말을 강조하고 낭송하는 것이었다. 낭송하는 일은 본문을 읊조리는 것이었는데, 간단한 멜로디의 변화는 그 본문의 문법적인 구조를 나타내는 것이었다. 동방의 기독교 예배의식은 아직도 포괄적으로 그러한 테크닉을 사용하고 있는데 그러한 테크닉을 사용하고 있는데 비잔틴 음악 학자들은 그러한 테크닉을 에크포테시스(Ekphonesis:소리로부터)라 부른다. 읊조리는 식의 노래(cantilation)의 원리에 대해서는 다음에 자세히 설명하기로 한다. 희망 음악 때는 훈련된 칸포로(cantor:독창자 또는 훈련된 성가대 지휘자)의 인도가 필요했는데 그의 독특한 책임은 후일에 정해졌다.

(2) 묵상하는 예배적인 음악

음악 치료법은 서양의 지혜로서 받아들이기에는 아직 이르다. 왜냐하면 많은 유럽인들은 깊은 감정의 표현을 두려워하며 하지 못하게 한다. 슬픔을 대하는 문제에서 확실한 예를 찾아볼 수 있다.

서양의 장례식 때는 사람들이 있는 곳에서 슬픔을 표현하는 것을 극도로 자제한다. 공개적으로 슬픔을 표현하는 것은 다른 사람들을 당혹스럽게 만든다. 그것이 당연히 그럴 수 있으며 이해가 되는 일이라도 말이다.

그러나 다른 곳에서는 친척이나 친구가 세상을 떠났을 때 그들의 감정을 자유롭게, 어떤 때는 육체적으로 몸을 흔들면서 돈을 꽉 쥐면서 비통하게 울부짖으며 그들의 감정을 강하게 표현하는 것을 볼 수 있다. 그들이 소리내는 것은 대단히 깊은 곳으로부터 나오는 감정의 표현인 것이다.

고대 이스라엘 역사의 여러 부분에서 보이는 음악은 이러한 요소들을 포함하고 있다. 그것은 아주 강한 감정을 표현하는 것을 가능케 하였고, 어떤 경우에는 여리고성이 무너져 내리거나 한 성직자가 감동하는 놀라운 사건까지도 가능케 하는 일이었다.

그러나 다윗이 범궤 앞에서 춤추는 것을 보고 이같이 멸시했던 것과 같지는 않을지라도 음악이 이러한 힘을 행사할 수 있는 자유가 주어졌을 때 그리스도인들은 많은 반대를 해왔던 것이다. 구약성경을 보면 이러한 황홀경에 빠져있는 상태의 음악으로부터 좀더 묵상하는 예배적인 음악으로 또 상징적이요, 예언적인 음악으로 점차 변화되어 가는 움직임을 볼 수 있다. 그 변화는 예배의 스타일에 맞추어서 완전히 개방되어 있는 공간에서 드리는 예배가 동굴과 같이 공명이 잘되는 건물 안에서 이루어지는 예배로 바뀐 것과 때를 같이하여 일어났다.

성전에서 드리는 예배는 보고 듣기에 감격적이고 다채로우며 생생한 것이었다. 그러나 나중에는 음악이 예식의 한 부분이 되었는데 자발적인 사용은 아주 작은 부분에만 허용되었던 것으로 보인다. 그대신 상징적으로는 더욱더 많이 사용했다. 예를 들어, 나팔은 하나님의 권위와 장엄함을 표시했다. 반면에 성경구절을 암송하며 읊조리는 것(cantilartion)은 하나님의 말씀을 묵상하며 예배에 있어서 중심적이 위치에 있게 되엇다. 황홀경 속에 빠져드는 음악이 그들의 예배 가운데서 사라진 반면에 음악적 상징은 그럼에도 불구하고 진리를 찾는데 있어서 아주 가치있는 방법이었다. 무엇보다도 복잡한 사상들을 하나의 간단하고도 확실한 이미지로 요약하기 위해서 절대적으로 필요한 것이었다.

어떤 사상을 소유하며 상징하는 이러한 두 가지 음악의 능력은 음악이 사용될 때마다 그 예배의 질과 내용에 따라 깊은 영향력을 행사하게 되었다. 불행하게도 한가지 효력에 대해 확신을 갖는 사람들은 다른 효력에 대한 가치를 완강히 부인하는 경향이 있다.

거기로부터 생긴 차이는 매우 깊었고 심한 손실을 가져오고 말았다.

(3) 교회와 회당음악(성전음악)

초대교회는 당시 팔레스타인 지방에 살던 유대인이 그랬듯이 아랍어를 사용했으며 예수님께서도 아랍어를 사용하셨다. 또한 그들은 유대인들과 같은 교회 격식을 따라 생활했다. 유대인의 새로운 한 해는 가을에 시작 되었는데 초대교회 교인들은 예수님의 탄생을 축하했다. 성탄절 12월25일로 정해 축하하게 된 일은 4세기 이후부터이다. 그리스도인들의 부활절 전야는 유월절과 일치했다.

그 사실은 주의 만찬에 대한 중요성을 이해하는데 중요하며 또 근본적인 사실이다.

교회와 회당은 지금도 공통점을 갖고 있다. 세례에 대한 사상과 말씀의 전례(성경 낭동, 시편찬양, 찬송, 가르침, 그리고 기도, 성찬예배의 첫부분)와 금식기도와 개인생활에서 기도의 삶을 강조하는 것이 공통점을 이룬다.

더 나아가 회당과 초대교회 예배에서 사용된 성경말씀의 내용은 뚜렷하게 일치하고 있다. 이러한 비교의 요소들은 잘 기록되어 있으나 초대교회의 음악과 회당음악을 비교한다는 것은 매우 어려운 일이다. 유대인들과 초대교인들은 기원후 6-7세기가 될 때까지는 그들이 예배시에 불렀던 음악들을 기록해 놓지 않았다.

이천년 이상 전통적으로 불러오던 음악과 가장 오래된 교회음악을 비교하는 것은 아마도 그러한 사실들을 연구하는데 가장 좋은 방법이며, 유일한 방법일 것이다. 가장 고립되어 있었으며 또 가장 근본적인 성향이 강한 에덴(YEMEN) 때 사는 유대인들은 한 사회를 형성하며 살아왔는데 그들의 음악은 가장 오래된 기독교

음악과 매우 흡사한 면을 보이고 있다.

그러나 그리스도인들 역시 그들의 믿음을 찬양하고 표현하기 위해 새로운 노래들을 작곡 했다.

"성령 충만을 받으라 시와 찬미와 신성한 노래들로 서로 화답하며 너희 마음으로 주께 노래하며 찬송하며."

너희 마음은 멜로디를 만들라고 강조하지만 바울이 여기에서 강조한 것은 문자 그대로 노래하는 것인데 거기에는 이유가 많다.

어떤 번역의 단어 선택은 도움이 되지 않는 경우가 있는데 그 이유는 찬송(HYMN:영어 성령에서 영적인 노래 (SPIRITUAL SONG)로 되어 있는 것도 있음)이란 단어가 여러 다른 전통을 갖고 있는 세대에는 여러 가지 의미로 받아들여지기 때문이다. 바울이 서신을 기록할 당시에는 음율을 지키는 행을 갖고 있는 찬송이란 존재하지 않았다. 후일에 아우그스티누스(AUHUSTINE 354-430)는 찬송에 대한 정의를 이렇게 내렸다.

찬송이란 하나님을 찬양하는 노래이다. 그러나 만약 노래없이 하나님을 찬양한다면 당신은 찬송한 것이 아니다. 그러나 당신이 노래를 한다해도 그 찬양하는 것이 하나님의 영광과 관계없는 것이라면 당신은 찬송하지 않을 것이다.

그러므로 찬송에는 세 가지 요소가 있어야 하는데 그것은 노래요 하나님을 찬양하는 것이다. 바울은 또한 성령의 영향력 아래서 나오는 자발적인 찬양을 포함시켰는데 그것은 오늘날 많은 그리스도인들이 방언으로 드리는 찬양이라고 부르는 것이다. 영적인 노래의 문자적인 의미는 내를 부르기 위한 시라는 뜻이다. 영적이라고 한 것은 세속적인 것에 반대되는 것이다. 초기의 몇몇 찬송들의 가사는 신약성경에 기록되어 있는데 다음과 같은 가사의 내용들이 요한계시록에 있다.

"또 내가 들으니 허다한 무리의 음성도 같고 많은 물소리도 같고 큰 뇌성도 같아서 가로되 할렐루야 주 우리 하나님 전능이신 이가 통치하시도다. 우리가 즐거워하고 크게 기뻐하며 그에게 영광을 올리세 어린양의 혼인기약이 이르렀고…"

할렐루야의 외침은 유대교의 시편에서 전통적으로 훈련된 후렴 부분을 암시하고 있다. 누가복음에도 누가 자신이 기록할 당시 초대교회 예배에서 이루어졌다.

4) 음악의 능력

성경에 기록되어 있는 사건은 극적인 주장을 하고 있다.

이 사건은 음악이 다른 힘으로는 할 수 없는 것, 즉 심령의 상태를 직접적으로 또 즉각적으로 꿰뚫어 장벽을 허물어 버리는 어떠한 힘을 갖고 있다는 것을 암시하고 있다. 음악의 잠재력이라든가 또 찬양의 신비로운 요소는 항상 대대에 걸쳐 많은 철학자들과 창조적인 예술가들의 호기심을 자극시켜 왔다. 음악(찬양, 이 악의 죄수들을 온전한 정신 상태로 이끌어 올릴 수 있다는 점은 오르페우스가 수금을 연주할 때 지옥의 사람들까지 길들일 수 있었다는 고대 그리스 신화와 동조하고 있다는 것이다. 이러한 능력을 예시하는 특별한 초기 기독교 당시에는 예수님을 음악가로 묘사하였다.

거의 모든 문화와 세대의 전설들은 음악에 사람의 마음을 흥분시키거나 가라 앉힐 수 있는 능력이 있다는 이야기들을 하고 있다.

1621년에도 로버트 버튼은 그의 저서 '우울증의 해부'에서 음악의 영향력에 관한 고대인들이 생생한 기록을 확신을 갖고 기록하고 있다.

(1) 음악의 능력

음악(찬양)은 아주 능력이 많은 것인데 그것은 감각의 여왕인 영혼을 달콤한 쾌락으로 황홀케 하며 그리고 형이상학적인 형체가 없는 영혼을 만족시킨다. 그리고 이러한 것은 사람에게만 영향을 주는 것이 아니라, 보통 경험할 수 있듯이 물고기들 같은 생물 가운데서도 음악은 많은 영향력을 발휘하는 것이다. 모든 노래하는 새들, 특히 꾀꼬리라는 음악으로 더 많은 즐거움을 누리고 있다. 그중에서도 별들은 날아다니면서 어떠한 울리는 소리가 들리만 잠시 지체한다. 숫사슴, 암사슴, 말, 개, 곰들도 음악을 몹시도 기뻐한다.

또 리디아 어느 호수에는 떠 다니는 섬들이 있는데(만약 당신이 믿을 수 있다면) 그 섬들은 음악소리를 들으면 춤을 춘다. 창세로부터 그의 보이지 아니하는 것들 곧 그의 영원하신 능력과 하나님의 만드신 만물은 찬양의 소리로 아름다울 것이다. 찬양은 다른 예술과 마찬가지로 하나님의 창조의 모양과 질서에 대한 반응 그 자체이다.

(2) 음악(찬양)의 본능

궤가 떠날 때는 모세가 가로되 여호와여 일어나사 주의 대적들을 흩으시고 우리를 미워하는 자로 주의 앞에서 도망하게 하소서 하였고 궤가 쉴 때에는 가로되 여호와여 이스라엘 천만인에게로 돌아오소서 하였더라. 특별히 미리암의 노래로 알려진 한 두 개의 노래가 출애굽기에 나타나는데 이 노래는 더욱 생생하게 주위를 끈다. 특히 흥미로운 것은 이 노래가 한 사람의 여성에 의해서 인도 되었다는 것이다.

아론의 누이 선지자 미리암이 손에 소고를 잡으매 모든 여인도 그를 따라 나오며 소고를 잡고 춤추니 미리암이 그들에게 화답하여 가로되 너희는 여호와를 찬송하라 그는 높고 영화로우심이요 말과 그 탄자를 바다에 던지셨음이로다 하였더라. 승리와 패배를 노래하는 전쟁의 노래들은 여러 곳에 기록되어 있다. 놀랄만한 것 가운데 하나는 불레셋을 물리치고 돌아오는 다윗을 맞이하는 여인들의 노래이다. 그 노래는 사물엘상에 다음과 같이 기록되어 있다. 무리가 돌아올 때 곧 다윗이 불레셋 사람들을 죽이고 돌아올 때에 여인들이 이스라엘 모든 성에서 나와서 노래하며 춤추며 소고와 경쇠를 가지고 왕 사울을 환영하는데 여인들이 뛰놀며 창화하여 가로되 사울이 죽인자는 천천이요 다윗은 만만이로다 한지라.

 이러한 후렴구의 계속적인 반복은 노래를 부르는 사람으로 하여금 황홀한 기쁨을 계속하여 더욱더 느끼게 하였고 동시에 그러한 반복은 사울로 하여금 질투의 화신이 되게 하였다. 다윗과 이스라엘 온 족속이 잣나무로 만든 여러 가지 악기와 수금과 비파와 소고와 앙금과 제금으로 여호와 앞에서 주악(연주)하였더라.

 타악기와 춤과 어우러진 다양한 악기들은 확실히 효과있는 혼합체였다.

 동양의 많은 문화적 전통들은 가장 명료하고 직접적인 음악을 사용해왔다. 그러한 해방감과 정화 방법은 그 음악을 사용하고 있는 사람들로 하여금 기꺼이 자기 자신을 버리고 축제에 빠져들어가 있는 상황과 완전히 하나를 이루게 하였다. 그 여인들은 특히 다윗이 법궤를 옮겼을 때 축제에 참여한 사람들은 완전히 그러한 축제의 분위기에 빠져 있었다.

 그 결과는 주목할 만한 것이었다. 다윗의 헌신이 감정적으로 표현되었을 때의 상황은 분열내지는 분화의 관계로 발전했다.

다윗의 아내인 미갈은 다윗의 그런 배우같은 연기가 마음에 들지 않았다. 사실은 그때까지 다윗에 대한 미갈의 감정은 그리 가까운 편은 아니었다. 미갈은 심중에 다윗을 업신시키며 그리고 나중에는 그를 비난했고 또 무시했다(삼하 6:16).

(3) 성전예배에 사용된 시편 음악

시편만이 성전에서 불렀던 노래는 아니었지만 성경속에 있는 시편들은 예배의식에 있어서 상당히 중요한 위치를 차지하고 있었으며 또한 시편의 노래들이 어떻게 소리를 내었는가에 대한 많은 자료들은 제공하고 있다.

150편으로 구성된 시편이란 책은 오랜 기간에 걸쳐서 편집되었다.

현재 우리가 갖고 있는 시편의 형태는 포로기 이후에 아미로 성전이 재건된 이후에 편집된 것으로 생각된다. 시편에 붙어있는 몇몇 표제들은 예를 들어 아삽의 시 또는 고라 자손들의 시, 대대로 내려오는 특정한 음악인들의 조직체에서 사용했던 레파토리였음을 나타낸다.

다른 표제들은 그 시편들이 사용되었던 즐기나 사건들에 관계되는 것이고 또 다른 표제들은 그 시편을 반주 찾는데 사용된 특정한 선율(역시 환기시키는 이름을 가진 인도의 "Rags"와 아랍의 "Magamat"와 비슷한 것을 나타낸다).

탈무드와 같은 많은 시편들은 레위 족속들이 반주를 붙여 노래했던 것을 나타내는데 특히 반주는 종종 줄을 뜯어서 소리를 내는 악기로 연주되었다.

음악적 구성은 시편의 예식적 구분에 의해서 정해진다. 휴지부가 오는 경우에는 나팔을 불었다.

이러한 휴지부는 때로는 쉼으로 번역되는 '셀라(Selah)'라는 말로 표시했다.

시편속에 나타나는 이러한 음악적 부호들을 정확하게 파악하는 것에는 항상 의심의 여지가 있다.

그러나 시편의 시 자체의 구조들은 어떤 실마리를 제공한다.

(4) 시편음악은 어떻게 부르고 있나?

유대교 예배 안에서 시적 구조에 대한 음악적인 반응들이 발전했다. 여기에서 응답한다(to respond)에 해당되는 히브리어 아나(anah)라는 말은 대단히 중요하다. 그 말은 다윗이 승리함을 축하하는 음악을 연주할 때 사용되었는데 오늘날까지 유대인들 사이에서 교송을 부를 경우에 사용되고 있다.

탈무드는 응답의 개념에 대해 자세히 설명하고 있다. 그 설명은 몇 개의 가능성을 기술한다. 예를 들어, 한명의 독창자가 한절의 멜로디를 노래하면 나머지 노래하는 사람들이 같은 절의 절반을 되풀이 하며 응답하는 방법을 설명하고 있다. 또 독창자와 노래하는 사람들이 절반씩 나누어서 교송(찬송) 하는 것을 설명하고 있으며 또는 노래하는 사람들 모두가 후렴을 각절 다음에 노래하는 것에 대해서 설명하고 있다.

마지막으로 독창자가 반절을 부르면 배우는 것을 목적으로 하는 나머지 사람들이 독창자가 부른 것을 따라 부르는 것에 설명하고 있다.

회중들이 함께 노래부르는 일에 참여하는 방법은 거의 없었던 것 같다. 성전의 성가대가 회중을 대신하여 노래했던 것이다. 그리고 그레고리아(Gregorian chant)와 전혀 같지 않은 것은 아니다. 화성을 이루는 것은 대부분이 없으며 단조로운 유니송 또는 4

도 내지 5도가 사용되었다.

5) 하나님께 속한 음악이란?

"우리 능력되신 하나님께 높이 노래하며 야곱의 하나님께 즐거이 소리할찌어다. 시를 읊으며 소고를 치며 아름다운 수금에 비파를 아우를찌어다. 월삭과 월망과 우리의 절일에 나팔을 불찌어다"(시 81:1-3).

하나님께서 그의 교회 시온에서 악기들과 노래하는 자들이 함께 어우러져 하나님의 이름을 경배하기를 원하셨다. 그래서 이들이 함께 제정하신 것이 분명하다.

오늘날에도 하나님을 경배할 때 사용되는 어떤 악기들의 사용은 용납하지 못한다는 사람들이 있다. 그러나 하나님께서는 음악 사역에 새로운 역사를 창조하고 계신다.

전 세계의 교회들은 하나님을 예배하는데 모든 종류의 악기들을 사용하고 있다(즉 오케스트라). 그리고 이러한 교회들은 하나님의 전에서 주님의 기쁨을 발견해 내고 있다. 그들은 그들의 예배안에서 자유로움을 누리고 있는 것이다. 사람들은 기타와 북들을 마귀에게 속한 것이라고 말한다. 그러나 하나님을 우리가 할 바를 다음과 같이 말씀하고 계신다.

"수금으로 여호와께 감사하고 열줄 비파로 찬송할찌어다. 새 노래로 그를 노래하며 즐거운 소리로 공교히 연주할찌어다"(시 33:2-3).

하나님은 우리가 악기에만 매달리기를 원치 않으신다. 중요한 것은 우리가 하나님을 찬양한다는 것이다. 그렇기 때문에 시편 150편은 하나님의 명령으로 끝나고 있는 것이다. 너희는 여호와를 찬양할찌어다.

(1) 하나님 방법에 따라 찬양해야 한다.

우리가 하나님을 사랑한다면 우리는 하나님이 원하시는 방법에 따라 찬양해야 할 것이다. 그것은 하나님의 명령인 것이다. 우리는 우리가 찬양할 기분이 나기 때문에 찬양(성가)하는 것이 아니요, 하나님께서 당신의 백성인 우리들에게 하나님을 찬양(성가)할 것을 명령하셨기 때문에 찬양(성가)드리는 것이다. 어떤 악기는 아주 세상적인 것이어서 교회안에서 절대로 연주될 수 없다는 등 악기의 종류에 대한 논쟁 뿐 아니라, 음악의 형태에 대한 농쟁도 많았다. 그렇다면 어떤 형태의 음악이 그리스도의 몸된 교회에서 연주될 수 있을까?

"나팔로 찬양하며 현악과 퉁수로 찬양할찌어다 큰소리나는 제금으로 찬양하며 높은 소리나는 제금으로 찬양할찌어다"(시 150:3-5).

모든 악기와 음악은 원래 하나님께로부터 창조된 것이다. 이 사실은 루시퍼가 처음 창조되었을 때 하나님께서 루시퍼의 몸 안에 탬버린과 파이프와 비파들을 집어 넣으셨던 사실에 의해서 알 수 있다. 다윗에서 악기를 만들 수 있도록 영감을 주신 이는 바로 하나님이셨다. 우리가 하나님께서 하시는 일을 제한할 수 없다. 그러나 음악가들이 세상적인 것에 가까우면 가까울수록 그들의 음악 속에는 진실한 하나님의 영 대신 자신들의 우상화 하는 그룹들과 세상의 그룹들을 모방하려는 위험한 상황에 처해진다. 하나님께서는 음악 사역자들이 구원과 그 이상의 것들을 사람들에게 제공해 주기를 원하고 계신다. 우리가 세상을 너무 닮아 세상과 우리가 별 차이가 없을 정도로까지 되어 버리면 안된다. 우리가 세상처럼 옷을 입고 세상처럼 행동한다면 우리는 세상과 같게 보일 것이다. 그러나 우리는 세상으로부터 분별된 자들이어야만 한다.

하나님께서는 우리의 비전을 넓게 해 주셨으며 우리가 그저 세련된 기술로 기타나 피아노로 연주하는 것보다는 그 이상의 것들을 사람들에게 전해 주기를 원하고 계신다. 또한 하나님께서는 우리 음악 목회자들이 구원과 성령의 진리들을 사람들에게 전할 수 있게 되기를 원하신다. 하나님께서는 우리가 이러한 진리들을 다른 사람들과 함께 나누기를 원하실 뿐 아니라, 우리의 음악을 통하여 역사하시길 원하시는 것이다. 우리는 강대상에 남루한 차림으로 서서도 안되며 또 유행의 최첨단의 차림이어서도 안된다. 우리는 사람들로 하여금 우리 안에 계신 예수님을 볼 수 있게 하여야 한다. 그리고 우리들을 볼 때 예수님을 볼 수 없다면, 육이 너무 많은 것이요, 우리 자신이 너무 많이 나타나 있는 것이다. 우리는 쇠해야 하고 하나님은 성하셔야만 한다. 하나님은 오늘날 기독교 음악의 범주를 넓히고 계신다. 그렇기 때문에 우리는 세상의 음악이 더 이상 필요하지 않다.

하나님께서는 하나님의 음악과 세상의 음악이 분리되도록 하셨다.

(2) 세상적인 음악(세속음악)

세상의 노래는 다음 세 범주의 한 가지에 속할 뿐이다. 세상에 속한 것이든지 육에 속한 것이든지, 마귀에 속한 것이든지 세상의 노래란 그저 아름답기만한 노래들, 즉 아내나 연인 또는 아름다운 자연에 대한 노래를 말한다. 이 노래들은 다 잘못되었다는 것은 아니다. 이러한 노래들은 아름다운 노래들 일 수도 있다. 어떠한 사람이나 대상에 대한 흠모를 표현한 것 일 수도 있다. 육에 속한 노래는 내게 선정적이며 추잡한 노래들이다. 이러한 노래들은 성적이며 그 가사들은 욕망을 자극하는 생각들을 제공한다. 이 노래들은 사악하며 신을 모독하는 생각을 갖게하며 루시퍼 혹은 사단을 최고의 존재로 높이는 노래들이다. 이 세가지 종류의 노래들 즉 세상에, 육에, 마귀에 속한 노래들은 수없이 많다. 텔레비젼이나 영화관에서 상영되는 외설영화들은 보지 않는 크리스천들이 세상적인 음악은 끊이없이 듣고 있다는 사실에 대해서 몹시 놀라지 않을 수 없다. 그들은 자신들이 알지도 못하는 사이에 자신들의 마음은 추잡하고 충동적인 생각들로 양육하고 있는 것이다.

그들은 이러한 노래를 들음으로 그들의 육을 만족시키는 행위를 하고 있는 것이다.

성경은 육의 행위를 십자가에 못박으라고 말씀하고 있다. 마약을 먹고 환각상태에 빠지는 것을 노래하는 음악이나 아내를 버리고 다른 여자를 찾아가는 것을 노래하는 음악 등을 들으면 들을수록 우리들의 마음을 하나님의 말씀에 직접적으로 대적하게 만든다. 그러나 우리 성가대원만은 세상음악, 즉 타락적인 향락음악을 듣지 말고 오직 꿀같은 주님의 찬양으로 사역하는 자가 되기를 바란다.

6) 하나님께 감사의 노래

(1) 세상 만물이 주를 찬양하라.

"온 땅이 주께 경배하고 주를 찬양하며 주의 이름을 찬양하리다 할찌어다"(시 66:4).

"온 땅이여 여호와께 즐거이 소리할찌어다. 소리를 발하여 즐거이 노래하며 찬송할찌어다"(시 98:4).

"천지가 그를 찬송할 것이요 바다와 그 중의 모든 동물도 그리 할찌어다"(시 69:34).

모든 만물들이 즐거이 찬양하는데 하물며 그리스도인이 하나님 앞에 존귀와 영광으로 찬양을 드리지 않고 감사의 뜻을 모르면 거룩하신 하나님은 그 얼마나 마음이 아플까 이러한 생각은 우리 그리스도인이 한 번 생각하지 않을 수 없다.

만물의 감사

시편 89::5; 148:4,7 이사야 49:13; 시편 74:21; 102:18 103:20; 103:21; 148:21.

(2) 하나님께 기뻐 노래 부르자.

"망하게 된 자도 나를 위하여 복을 빌었으며 과부의 마음이 나로 인하여 기뻐 노래하였었느니라"(욥 29:13).

"그 때에 새벽 별들이 함께 노래하며 하나님의 아들들이 다 기쁘게 소리하였었느니라"(욥 38:7).

"여호와는 나의 힘과 나의 방패시니 내 마음이 저를 의지하여 도움을 얻었도다 그러므로 내 마음이 크게 기뻐하여 내 노래로 저를 찬송하리로다"(시 28:7).

"열방은 기쁘고 즐겁게 노래할지니 주는 민족들을 공평히 판단하시며 땅 위에 열방을 치리하실 것임이니이다 셀라"(시 67:4).

"내가 주를 찬양할 때에 내 입술이 기뻐 외치며 주께서 구속하신 내 영혼이 즐거워 하리이다"(시 71:23).

"성도들은 영광 중에 즐거워하며 저희 침상에서 기쁨으로 노래할찌어다"(시 149:5).

"악인의 범죄하는 것은 스스로 올무가 되게 하는 것이나 의인은 노래하고 기뻐하느니라"(잠 29:6).

"은금과 왕들이 보배와 여러 도의 보배를 쌓고 또 노래하는 남녀와 인생들의 기뻐하는 처와 첩들을 많이 두었노라"(전 2:8).

(3) 주님을 찬양하라.

너의 모든 백성은 주님을 찬양하라는 것을 의미한다.

"너희 만민들아 손바닥을 치고 즐거운 소리로 하나님께 외칠찌어다"(시 47:1).

"무릇 주를 찾는자는 다 주로 즐거워하고 기뻐하게 하시며 주의 구원을 사랑하는 자는 항상 말하기를 여호와는 광대하시다 하게 하소서"(시 40:16).

주님께 찬양하는 이유는 우리가 노예 상태에서 구원함을 받았기 때문이다. 모세의 노래에 화답하는 미리암의 노래를 들으시고 찬양의 마음은 그리스도 안에 있는 구원과 보호하심을 알기 전에 죄의 종이었던 때의 모습을 다시 한 번 떠올려 보라. 그것으로부터 자유를 얻게 된 것이 기쁘지 않은가? 만일 하나님께서 당신을 욕구 지향적인 노력으로부터 구원해 주셨다면 그것으로 인해 찬양하라. 만일 죽어있는 종교의식 대신 살아계신 그리스도와 관계를 맺게 되었다면 그것으로 찬양하고 찬양하라. 그러므로 바로 주님을 위한 찬양이로다. 주님께서는 우리가 찬양하기를 원하신다.

오직 하나님을 찬양하라. 그러면 하나님께서 우리를 순결하게 지켜주실 것이다. 만일 우리의 예배 속에 어떤 순결함이 있다면 그것은 우리가 찬양의 약속에 우리를 맡겼기 때문이다. 내가 하늘을 향해 올라가는 찬양의 향기로운 냄새야 말로 사단과 그 무리들에게는 참을 수 없는 지독한 냄새일 것이다.

우리가 만일 찬양으로 하나님께 나아갈 수 없다면 찬양을 위해서 하나님께 나아가라. 입을 크게 벌리고 나아가라. 하나님께서 우리를 위하여 가득 채우실 것이다. 하나님께서는 원수들을 대항하는 능력있는 무기로써 찬양의 형태를 온전케 하셨다. 우리가 찬양할 때 하나님은 그의 손을 원수를 향하여 움직이신다. 우리의 손 가까이에 있는 도구를 집어들고 싸우러 나가지 말라. 대신 주님을 찬양하라. 그리하면 하나님께서 친히 그들을 향해 그의 손을 돌리실 것이다. 그러므로 그분의 손에 의해 영광스럽게도 보호받을 것이고 하나님께서는 원수들을 대항하는 능력있는 무기로써 찬양의 형태를 온전케 하셨다. 우리가 찬양할 때 하나님은 그의 손을 원수를 향하여 움직이신 것이다. 하나님은 가능한 최고의 기쁨과 축복으로 우리의 모든 양, 혼, 육의 필요를 채워주신다.

"우리가 다 수건을 벗은 얼굴로 거울을 보는 것 같이 주의 영광을 보매 저와 같은 형상으로 화하여 영광으로 영광에 이르니 곧 주의 영으로 말미암음이니라"(고후 3:18).

"사랑하는 자들아 우리가 지금은 하나님의 자녀라 장래에 어떻게 될 것은 아직 나타나지 아니하였으나 그가 나타내심이 되면 우리가 그와 같은 줄을 아는 것은 그의 계신 그대로 본 것을 인함이니"(요일 3:2).

(4) 하나님께 찬양으로 실천하는 방법
"너희가 하나님을 찬양하라"(시 149:20).
찬양은 집단적이 아니라, 개인적인 것이며 어떤 모임에서 사람들과 함께 찬양드린다 하더라도 찬양이 온 회중의 찬양과 함께 연합하여 모든 찬양들은 각 사람 개인에게서 나온 것이다.

우리가 찬양하기 위해서 반드시 다른 사람의 찬양 인도나 감정의 자극을 받을 필요는 없다. 여호와여 나의 영혼을 축복하시고 베푸신 모든 은혜를 잊지 않게 하소서.

하나님께 찬양으로 실천하는 방법은 새 노래로 여호와께 감사하라는 명령이 성경에 나와 있다. 히브리 예배에서 중요한 부분을 차지한 것은 언약궤가 예루살렘에 돌아오던 날 다윗은 노래하는 이들을 택하여 그 언약궤 앞에서 밤낮으로 찬양하게 했다.

찬양은 우리로 하나님께 응답하는데 있어서 하나가 되게 해주며 그의 영광을 더 많이 깨닫게 해주고 영화로우신 주님을 찬양하고 싶어진다. 모든 노래가 다 찬양적인 노래가 되는 것은 아니다. 찬양적인 노래가 되기 위해서는 그 속에 그리스도 중심적인 것이 들어 있어야 하고 그리고 우리를 드러내는 증거지향적인 노래라 할지라도 그것이 우리에게 관심이 없고 오직 하나님께서 우리 속에서 우리를 위하여 행하신 것들에 관심이 있는 것이라면 그런 노래도 찬양의 노래가 될 수 있다.

"내가 주의 이름을 내 형제들에게 선포하고 내가 주를 교회 중에서 찬송하리라 하셨으며"(히 2:12).

예수께서 찬양을 위해서 사용하신 노래의 유형이라면 우리는 그분을 열심히 닮아야 한다.

성령께서는 우리가 자유롭게 새 노래를 부르는 것을 좋아하시며 우리의 감정과 경험을 새 노래로 나타내는 것을 좋아하신다.

영으로 찬미하는 것은 성령에 의해 고취된 노래를 부르는 것 뿐이 아니라, 찬양의 언어이며 성령의 언어가 기도의 언어일 뿐 아니라, 찬양의 언어이다. 그러므로 성령의 언어가 선율적이 되어 노래가 되는 것을 두려워하지 말라. 성령이 우리 속에서 성령께서 주님께 찬양드리고 있는 것을 깨닫게 되는 일이 흔히 있다. 우리의 찬양은 본성이 감정으로 하는 것이 하니라, 우리는 모든 것 속에서 예수님이 주님이심을 봄으로써 고정된 감정으로 찬양하는 것이다.

찬양을 통해서 그분을 뵙고 그분께 듣고 그분을 믿는 사람들은 넘치는 즐거움과 말할 수 없는 영광이 가득한 기쁨으로 충만하여지고 기쁨을 소유하는 것만으로는 찬양이 이루어지지 않는다. 찬양은 그 기쁨을 자유롭게 해방시킴으로써 이루어진다. 다윗이 여호와 앞에서 힘을 다하여 춤을 추는데(삼하 6:4), 주님의 법궤가 예루살렘으로 돌아 오는 기쁨에 대한 표현은 모든 제사장들을 능가하였다.

너희는 주님 앞에 찬양하라. 하나님께 노래하라. 회중의 찬양에 연합하라. 자신을 기쁨이 넘치게 하고 몸을 드려 춤추며 주님을 찬양하라. 이 모든 찬양은 여호와께 기쁨으로 몸과 마음을 받쳐 여호와를 찬송하리다.

7) 하늘나라에서 찬양

(1) 하나님과 더불어 기쁨을 누린다.

하늘나라는 찬양이 끝나는 곳이 아니라, 찬양이 새롭게 시작하는 곳이다. 하나님께서는 그 자신을 위하여 우리들을 지으셨다. 하늘나라에서는 우리가 지음받은 그 영광스러운 목적을 달성하게 된다. 하늘나라에서 영원토록 하나님과 더불어 기쁨을 누리는 자들은 항상 하나님을 찬양한다.

저희가 항상 주를 찬송하리로다. 하늘나라는 그곳에 기쁨을 주고 그대로 말미암아 저들은 기뻐 찬양돌린다. 그러나 찬양은 우리의 영원한 일이다. 하나님에 대한 우리의 찬양은 하늘나라에서 그 완전한 발원에 도달한다. 하늘에 허다한 무리의 큰 음성 같은 것이 있어 가로되 할렐루야 구원과 영광과 능력이 우리 하나님께 있도다. 그 심판은 참되고 의로우시라. 예배에 성가대가 힘찬 찬양으로 인도함에 따라서 큰 회중이 그들의 목청을 다하여 노래하고 온 세상 사람들이 알고 있는 우렁찬 소리를 훨씬 능가하는 것이다. 하늘나라 찬양은 그치는 일이 없고 계속되며 하나님의 보좌

위에 있는 생물이 다음과 같이 말하기를 그치지 않고 계속하기 때문이다.
"거룩하다 거룩하다 거룩하다 주 하나님 곧 전능하신 이여 전에도 계셨고 이제도 계시고 장차 오실자라"(계 4:8).

(2) 완전한 사랑으로 찬양하라.

완전한 사랑으로 말미암아 하늘나라에서의 우리의 찬양은 보다 더 위대하게 된다. 이 세상에서는 믿음으로 말미암아 하나님과 연합하게 된다. 우리가 하나님을 굳게 잡도록 가르침을 받는 것도 역시 믿음을 통해서 우리가 하나님을 사랑한다는 사실이다. 우리들로 하여금 하나님을 찬양하도록 자극하는 것이 우리의 그 사랑이다.

그러나 우리의 사랑은 자주 변동하고 연약하지만 하늘나라에서 우리가 사랑으로 말미암아 하나님과 연합하게 되면 하나님의 무한한 선과 미를 파악하기 때문에 우리는 항상 하나님 안에서 기뻐하게 되며 강한 사랑으로 하나님을 굳게 잡게 된다. 변함없는 완전한 사랑으로 말미암아 우리는 알지 못했던 하나님의 사랑의 그 크기와 완전한 하늘나라에서 온전히 알게됨으로 말미암아 우리의 최대 역량으로 하나님을 사랑하게 되고 또한 이와 상응하는 찬양을 하나님께 돌린다.

(3) 하늘나라에서 영광으로 찬양하라.

우리가 그리스도 영광을 눈으로 보는 일로 말미암아 하늘나라에서의 우리 찬양을 보다 더 위대하게 된다. 우리 주님께서 변화산상에서 변화하셨을 때 제자들이 얼핏 보았던 바를 우리가 하늘나라에서 완전히 보게 된다. 우리는 주님의 신성의 영광을 완전히 보게 된다. 아버지 영광과 전적으로 동일한 영광은 주님을 찬양하게 된다. 우리는 이때 주님의 인성이 영화롭게 된 형태를 보게되고 우리를 위하여 고난 당하시고 온갖 수치와 고통을 당하셨던 주님의 그 몸을 우리는 보게 된다. 이리하여 우리는 주님을 찬양하게 된다. 그래서 아버지께서 모든 이름 위에 뛰어난 이름을 아들에게 주셨다는 성경말씀을 모두 알게 되므로 주님을 더욱 더 찬양하게 된다.

그리스도의 사랑을 알게 될 때 하나님의 지혜와 의와 은혜와 사랑과 선과 능력 그 모두가 그리스도 안에서 영원토록 빛을 발하게 되고 우리의 마음과 입술로 통하여 나오는 찬양은 얼마나 위대하는지 알 수 없다.

"아버지여 내게 주신자도 나 있는 곳에 나와 함께 있어 아버지께 창세전부터 나를 사랑하시므로 내게 주신 나의 영광을 저희로 보게 하시길 원하옵나이다"(요 17:24).

(4) 이 땅에서 찬양으로 영광돌리자.

우리가 하나님을 영원히 기뻐하는 그 기쁨은 현재 이 땅에서 우리가 하나님께 영광을 돌리는 그 일이 있은 후에 오는 것이다.

그러나 우리가 하늘나라를 예견하는 그 일은 우리들로 하여금 현재 이 땅에서 보다 더 지혜로운 찬양을 하도록 하는 것이다.

우리들이 이 땅에서 하나님에 대한 찬양을 안내하는 지침이 되는 것이다. 하늘나라의 찬양은 중단되는 일이 없다. 그러므로 우리들이 이 땅에서 하나님을 찬양하는 일에 있어 서로 가능한 중단되는 일이 없도록 목표를 정해야 하고 하나님께 찬양을 돌리기 위해서는 삶에 힘쓰고 그런 자세로 찬양을 돌리도록 목표를 정해야 한다.

모든 영광이 이미 하나님의 것이므로 어떤 의미에서는 우리가 하나님께 영광을 드린다는 것은 있을 수 없다.

하나님께 영광 드린다는 것은 우리들 편에서 하나님의 영광을 시인한다는 것이다. 하나님에 대한 고마움을 표현할 때에 하나님께 영광을 드리게 된다. 우리가 명상하고 고마움과 찬양으로 응답을 할 때 하나님께 영광을 드리게 된다(계 15:2-5; 17:14; 5:12; 13:7).

7. 찬송가 중에 이러한 찬송을 꼭 불러야 하는지?

　현재 사용한 찬송가 중 통일 찬송가에는 우리나라 작곡자는 극소수이며 나머지는 전부 외국 작곡자 찬송가를 부르고 있다. 그것도 은혜로운 찬송보다 은혜롭지 못한 찬송을 하나님 앞에 꼭 불러야 하는지 의심스럽다. 그 찬송곡의 내용은 외국나라 국가, 외국민요, 전래 동요, 흑인영가, 복음성가 등 다양한 방법으로 되어 있으며 다른나라 국가에다 가사만 하나님, 주님, 영광 할렐루야, 찬양, 거룩하심 등을 옮겨 놓았으니 하나님 앞에 진정으로 영적으로 기도하면서 만든 작곡인지 의심스럽다. 또 그 곡 자체는 은혜스럽지 못하여 그것이 어떻게 산 예배에 아름다움 찬송이 되겠는지…
　※ 예로 한국 민요 아리랑 가사에 하나님에 대한 성경적인 가사만 옮겨 놓으면 되는지 한 번 더 생각해 보자.
　그런 찬송은 입술로 부르는 찬송이지 은혜롭고 영적으로 부르는 찬송이 아니라고 말하고 싶다.
　우리나라 신앙인 작곡가 중 은혜롭고 아름다운 찬송곡이 얼마든지 공모하여 찬송가에 옮기면 얼마든지 은혜롭게 부를 수 있는데 외국 곡을 꼭 불러야 된다는 법이 어디 있겠는가?
　물론 그 내용과 신앙을 살펴보면, 영적으로 은혜가 풍성하지만 남의 나라 국가 민요에다 가사만 옮겨 놓았으니 이런 문제가 오늘 내일에 있었던 것이 아니다.

한국 교회 100년이 지난 지금에도 교회음악은 아직까지 제자리 걸음을 하고 있으니 우리 각자 성도들은 기도하며 생각해야 한다.

> "나는 항상 소망을 품고 주를 더욱 더욱 찬송하리이다"(시 71:14).

> "내가 주를 찬양할 때에 내 입술이 기뻐 외치며 주께서 구속 하신 내 영혼이 즐거워하리이다"(시 71:23).

1) 이 찬송을 은혜롭게 불러야 할지?

(1) 기뻐하며 경배하게(찬송가 13장)
- 악곡 내용 : 이곡은 베토벤이 작곡한 곡이다. 베토벤 9번 교향곡 4악장 중 환희 송가로된 곡이다.

(2) 구세주를 아는 이들(찬송가 14장)
- 악곡 내용 : 작곡(독일의 전래 가락)

(3) 내가 한 맘으로(찬송가 17장)
- 악곡 내용 : 하이든 교향곡 D장조의 제1악장에 편곡한 곡이다.

(4) 내가 한 맘으로(찬송가 17장)

• 악곡내용 : 작곡자 미상. 이 곡은 1704년 할렘에서 펴낸 프라이팅 하우젠 영가집에 실려 있다.

(5) 오 하나님 우리의 창조주시니(찬송가 32장)
• 악곡 내용 : 작곡자 에드워드 크렘저가 편곡하였다. 네델란드 민요이다.

(6) 주 은혜를 받으려(찬송가 39장)
• 악곡 내용 : 화란 민요이다. 이 곡은 1626년 화란 노래집을 통해서 처음 소개되었다. 1877년에 비엔나의 음악가에 의해 다시 발견되어 편곡한 곡이다.

(7) 주 하나님 지으신 모든 세계(찬송가 40장)
• 악곡 내용 : 이 곡은 스웨덴 민요를 편곡한 것이다.

(8) 만유의 주재(찬송가 48장)
• 악곡 내용 : 술레지엔 민요곡이다. 라차드 스톨스 윌리스가 편곡하였다. 이 곡은 '십자군 찬송'이라는 곡명이 붙어 있는데 이것은 13세기에 예루살렘성을 점령하기 위해 진군하는 도중에 독일 기사들이 불렀다는 잘못된 전승과 관련된다.

(9) 즐겁게 안식할 날(찬송가 57장)
• 악곡 내용 : 독일 민요를 로웰 메이슨이 편곡하였다.

(10) 주여 복을 비옵나니(찬송가 61장)

- 악곡 내용 : 장자크루소(1712-1778)가 작곡하였다. 오페라 곡으로서 마을의 점쟁이에게서 빌어온 것이다.

(11) 성부의 어린양이(찬송가 90장)
- 악곡 내용 : 조셉 페리 홀브룩 미국 태생
이 찬송은 민요풍이고 대중적인 요소가 많다.

(12) 예수님은 누구신가(찬송가 94장)
- 악곡 내용 : 장 자크루소(스위스 제네바)가 작곡하였다. 이 찬송가는 오페라 곡의 일부이다.

(13) 만백성 기뻐하여라(찬송가 117장)
- 악곡 내용 : 존 스테이너(1840-1901)가 편곡하였다. 18세기 영국 전래곡 이다.

(14) 저 들 밖에 한밤 중에(찬송가 123장)
- 악곡 내용 : 존 스테이너가 편곡하였다. 윌리엄 샌디가 재레 마이어 클라크의 성탄절의 찬양에 이 전래 찬송 시를 붙여 발표한 것을 존 스테이너가 편곡한 것이다.

(15) 한 밤에 양을 치는자(찬송가 124장)
- 악곡 내용 : 헨델(1685-1759, 독일)이 작곡한 곡이다. 오라토리아, 메시아. 이 곡은 오페라 시로의 제2막에 나오는 소프라노 영창 노래곡이다.

(16) 내 주는 살아계시고(찬송가 16장)
• 악곡 내용 : 헨델 메시아 제45번 소프라노 영창의 일부분. 가사를 조지 킹슬리가 편곡한 곡이다.

(17) 기쁘다 구주 오셨네(찬송가 115장)
• 악곡 내용 : 헨델(1685-1759)의 작곡한 곡이다. 헨델의 메시아 중 로웰 메이슨이 편곡한 곡이다.

(18) 천사들의 노래(찬송가 125장)
• 악곡 내용 : 프랑스의 전래곡이다. 이 곡은 프랑스의 전래 곡조를 웨드워드 바테스가 편곡하였다.

(19) 예수님의 귀한 사랑(찬송가 127장)
• 악곡 내용 : 작곡자 프린쯔 요제프 하이든(1732-1809 오스트리아 작곡자)이 작곡하였다. 이 찬송가는 오스트리아 국가의 한국의 무명 작시자가 가사를 붙인 것이다.

(20) 거기 너 있어는가(찬송가 136장)
• 악곡 내용 : 흑인 영가 중 흑인 고향인 아프리카적인 요소가 있다. 흑인 영가는 1600년에서 부터 1865년까지 2세기 반 동안 형성되었다. 흑인들은 노래 생활을 하면서 괴로움을 달래기 위해 전래적인 멜로디에 신앙적인 내용을 담아서 불렀다.

(21) 주님께 영광(찬송가 155장)

7. 찬송가 중에 이러한 찬송을 꼭 불러야 하는지? /173

• 악곡 내용 : 조지 프레드릭 헨델(1685-1759)이 작곡하였다. 이 곡은 헨델 오라토리오 중 유다 마가비 의제 3부 합창 행진곡 중에 '보아라. 용사들이 온다'의 가사 일부이다(오페라 아이다 중).

(22) 할렐루야 할렐루야(찬송가 160장)
• 악곡 내용 : 프랑스 전통 민요이다. 로마 가톨릭 교회 안에서는 매우 다양한 형식으로 널리 알려진 곡조이다.

(23) 불길같은 성신여(찬송가 173장)
• 악곡 내용 : 영국의 전통적 민요이다. 찰스프라이는 부르기 쉬운 이곡에 자작 찬송시를 붙여 불렀다.

(24) 새 예루살렘 복된 집(찬송가 225장)
• 악곡 내용 : 독일 지방 전래 멜로디이다.

(25) 시온성과 같은 교회(찬송가 245장)
프란츠 요대프 하이든(1732-1809)이 작곡한 곡이다. 이 곡은 오스트리아 국가로 지은 곡이다.

(26) 오늘 모여 찬송을(찬송가 287장)
• 악곡 내용 : 루드비히 반 베에토벤(1770-1827, 독일)이 작곡한 곡이다.
베토벤 9번 교향곡 환희 송가곡이다.

(27) 나 같은 죄인 살리신(찬송가 405장)

- 악곡 내용 : 이 곡은 미국 민요곡을 엑셀이 편곡하여 존 뉴튼이 시를 붙인 것이다.

(28) 내 선한 목자(찬송가 430장)
- 악곡 내용 : 독일 중부 지방 민요이다. 이곡은 투링기아의 민요로 많이 부르고 있다.

(29) 내게로 와서 쉬어라(찬송가 467장)
- 악곡 내용 : 이 곡은 영국 전래 민요로 Colonel Mellish로서 매우 아름답고 서정적인 곡조이며 영국인이 많이 애창하는 민요곡이다.

(30) 뜻없이 무릎 꿇는 (찬송가 515장)
- 악곡 내용 : 영국 웨일즈 지방의 전래 민요로서 이곡의 출처는 더이비드 에반스가 펴낸 찬송시와 곡조 모음에 있고 이 곡은 1893년에 출판한 바레트의 영국 민요집에 나오는 어느 멜로디와도 아주 흡사하다.

(31) 생명 진리 은혜되신(찬송가 517장)
- 악곡 내용 : 이 곡은 네델란드 전래 가락으로서 1960년에 영국 찬미가에 처음 실렸다.

(32) 신자되기 원합니다(찬송가 518장)
- 악곡 내용 : 이곡은 워크(J. Work)의 미국 흑인 민요에서 1907년에 처음 등장했다.

7. 찬송가 중에 이러한 찬송을 꼭 불러야 하는지? /175

(33) 하늘가는 밝은 길이 (찬송가 545장)
- 악곡 내용 : 게르만 민족(스코트랜드)의 민요이다. 이 민요곡은 존 스코트(John Scott) 부인이 작곡한 것으로 한 여인이 아름다움을 노래한 것이었다.

(34) 두 번 아멘 (찬송가 553장)
- 악곡 내용 : 멘델스존이 제5번 교향곡인 종교개혁에 사용했고 바그너는 1882년 7월 26일 독일 바이로트 축제에서 파르지팔 오페라에서 변주로 사용한 곡이다.

(35) 두 번 아멘 (찬송가 554장)
- 악곡 내용 : 이 곡은 헬라 찬가에서 유래한 것으로 그리스 음악의 모체 역할을 했다.

(36) 세 번 아멘 (찬송가 555장)
- 악곡 내용 : 이 곡은 덴마크의 선율로서 곡명이 Danish이다.

> "할렐루야 그 성소에서 하나님을 찬양하며 그 권능의 궁창에서 그를 찬양할찌어다" (시 150:1).

> "큰 소리나는 제금으로 찬양하며 높은 소리 나는 제금으로 찬양할찌어다. 호흡이 있는 자마다 여호와를 찬양할찌어다" (시 150:5-6).

8. 교회음악을 빛낸 작곡가

(1) 기욤드 마쇼(Guill Aume de Machaut, 1300-1377)
- 시인겸 음악가(프랑스 작곡가)
- 주요 작품 : 노틀담 미사, 세속 음악 9곡, 노틀담의 음악.
  미사곡 중(세상죄를 지고가는 하나님의 어린양)
  우리의 끝남은 우리의 시작 3성 모테트 등 23곡

(2) 린디니(Francesco Landini, 1325-1397)
- 이탈리아 작곡가
- 주요 작품 : 그것을 잘 살려는 사람은 발레타의 49곡
  봄은 왔도다(중세이탈리아 음악)
  눈물 방울에 넘쳐(발라드)90곡, 마드리칼 12곡.

(3) 뒷파이(Guillaume Dufay, 1400-1474)
- 벨기에 작곡가
- 주요 작품 : 미사 마베 레디니 찰로름 등 5곡, 종교 음악 8곡
  모테트 등 성모미사곡

(4) 오케퀨(T. Obrecht, 1425-1495)
- 벨기에 작곡가
- 주요 작품 : 미사(보라주의 여름) 미사곡 16곡, 미사단편 4

곡, 진혼곡 1곡, Moter 10곡

(5) 조스캥 데 쁘레(Josquin de Prez, 1440-1521)
- 프랑스 작곡가
- 주요 작품 : 모테트 90곡 이상 (아베마리아)
  미사곡 20곡(아름다운 4성부 아베마리아, 성스러운 처녀, 평안을 주옵소서, 가난한 자의 피난처)

(6) 오브레흐트(T. Obrecht, 1450-1050)
- 프랑스 작곡가
- 주요 작품 : 미사 50곡, 마태 수난고 4편, 30권 1절로 된 찬송가집 종교음악으로는 르네상스를 대표하는 사람
  주여 돌아보소서 등

(7) 마틴 루터(Martin Luter, 1423-1546)
- 독일 작곡가 겸 16세기 종교개혁자
- 1517년에 교황 레오 10세의 면죄부 판매의 부당성과 교황의 세속화 교회의 부패 등을 추궁하는 95개 조항을 벽보를 작성하여 Wittenburg 교당 출입문에 붙인 행동으로 개혁의 문을 열었다. 그로 인해 파문 당한 그는 '그리스도인의 자유' 3개 항 문서를 널리 세상에 발표하였다. 기독교 예배에 관한 4대 개혁인 성서만으로 신앙만으로 만민제사장 의식, 은혜의 방법을 확산시켰다.
- 주요 작품 : 라틴어 찬송가 및 가사, 종교개혁 이적의 대중적 찬송과 민요, 라틴어 번역본 찬송가 12곡, 독일

성가곡 23곡. 가장 잘 알려진 개신교 찬송가는 348장 「내 주는 강산 성이요」가 있다.
- 루터는 영적인 침체를 해소하기 위해 3가지 원칙을 '그리스도를 신뢰하라, 자신이 하는 일에 미쳐라, 좋은 여성으로부터 사랑을 받으라.'로 정하여 발표했다.

그러나 음악은 이보다 중요하다. "Chorale"이란 말은 루터파 교회의 찬미 가사를 나타내는 데 사용되는 말이다.

찬송가 중 자작의 선율 「내 주는 강한 성이요」는 오늘날 우리에게 깊은 감동과 은혜로 널리 알려지고 있다. 독일 성가 23곡 Klug에는 50곡 성가 1573년 Keuchenthal 192곡과 155의 선율이 포함되어 있다.

(8) 토마스 텔리스(T. Tallis 1505-1585)
- 영국 작곡가
- 주요 작품 : Byrd 모테트 18곡, 자신의 모테트 16곡
  종교곡 34곡, 5성 합창곡, 7성 미사곡

(9) 팔레스트리나(Glovanni Pier da Palestrina, 1525-1594)
- 이태리 작곡가
- 주요 작품 : 미사곡 102곡, 모테트 450곡, 마드리갈 36곡, 찬송가와 봉헌곡 100곡, 마니피카트 56곡, 예레미아애가 13곡, 연도(Litanie) 67곡
  교황 마르첼루스의 미사, 브레비스, 작은미사, 베르 스폰서 크리스티, 우리 그리스도의 신부, 신의 어린양 등이 있다.

(10) 랏수스(Rlandus Lassus, 1532-1594)
- 이태리 작곡가
- 주요 작품 : 일곱 개의 참회 시편가, 로마 교황청 회개의 시편, 4성 마드리갈 내 마음은 심히 걱정스럽게 모테트(누가 나를 따라오나) 일생 동안 200여곡 작곡 남김

(11) 윌리엄 버드(William Byrd, 1542-1623)
- 영국 최초 작곡가
- 주요 작품 : 모테트(나는 생명의 떡이라), 성부의 미사곡, 예레미야의 비가, 세속음악, 기악음악, 교회 음악 등

(12) 토마스 루이스 데 빅토리아(Tomas Luis de Victoria, 1548-1611)
- 스페인 작곡가
- 주요 작품 : 미사곡 20곡, 모테트 44곡, 찬가 34곡, 마니파카트 18곡, 예레미아애가 9곡, 수난곡 2곡, 레퀴엠 (마태, 누가, 요한의 3곡), 다윗의 시편 289곡, 죽음의 수난, 제4선 법미사, 성주간 성무곡

(13) 클라우디오 몬테베르디(Claudio Monteverd 1567-1643)
- 이태리 작곡가
- 주요 작품 : 모테트 122곡, 무반주 3성, 4성, 마드리갈 2곡, 마니파카트 등 미사곡(성모마리아의 저녁기도),

시편곡
마리아 피승천의 축제일, 마리아 찬미가 내 마음 주를 우러러 받든다.

(14) 하인리히 쉿츠(Heinrich Scutitz, 1585-1672)
- 독일 작곡가
- 주요 작품 : 다윗 시편 289곡, 수난곡인 요한, 누가, 마태 마니파카트 8, 종교곡 29곡, 크리스마스 오라토리오(예수 그리스도 탄생 이야기, 예수 그리스도 부활 이야기) 십자가 상의 칠언, 칸타타
  모테트 : 모세 광야에서 뱀을 든것같이, 당신의 고통은 나의 괴로움

(15) 오라지오 베네볼리(Ordizo Benevl, 1606-1672)
- 이태리 작곡가
- 주요 작품 : 미사곡 8성부 미사 합창, 53성부 의대 합창2곡, 시편송 5곡, 모테트 미사곡

(16) 지아코모 카릿시미(Giacomo Carissimi, 1605-1674)
- 이태리 작곡가
- 주요 작품 : 오라토리오 (솔로몬과의 재판, 아브라함과 이삭의 이야기), 교회 칸타타, 실내 칸타타(왕상 3:16-28)

(17) 마르캉트와는 샤르팡티에
(Marc antoince Charpentier, 1636-1704)
- 주요 작품 : 미사곡(한 밤중의 미사), 프랑스 노엘(크리스마스 찬미가) 테데움, 미셀리샤드 드라랑트, 레퀴엠 등

(18) 아이작 왓츠(Isaac Watts, 1647-1748)
- 영국 작곡가
- 주요 작품 : 기쁘다 구주 오셨네, 찬송가 4곡, 14곡 작사, 138편이 시편가, 210편의 창작 찬송(웬말인가 날 위하여 다려 죽은 십자가), 찬송가 600곡(영국의 찬송가 원조)

(19) 프랑스와 쿠프랭(Francois Couperin, 1688-1733)
- 프랑스 작곡가
- 주요 작품 : 코렐리 찬미, 륄리 찬미, 신성 로마 제국, 교구를 위한 미사

(20) 요한 쿠나우(Johann Kuhnau, 1660-1722)
- 독일 작곡가
- 주요 작품 : 다윗과 골리앗의 싸움, 성서 소나타, 야곱의 결혼, 사울의 고민, 성서 소나타 전 6곡(히스키아의 병과 회복)

(21) 안토니아 비발디(Antonio Vivaldi, 1678-1741)
- 이태리 작곡가

• 주요 작품 : 오라토리오 3곡, 저녁기도 14곡, 마니피카트, 스타바트마테트, 칸타타(성서 이야기), 글로리아, 영광의 찬미가

(22) 게오르그 텔레만(Geong Phillipp Telemann, 1681-1767)
• 독일 작곡가
• 주요 작품 : 수난곡 46곡(세상죄를 짊어 지고가는 어린양, 최후의 심판) 오리토리오 9곡, 미사곡 13곡, 작은 미사곡 4곡, 모테트 6곡, 칸타타 250곡, 마니피카트 2곡 총 1500곡 이상 작곡

(23) 요한 세반스티안 바흐(Jogann Sehhastian Bach, 1685-1750)
• 독일 작곡가
• 주요 작품 : 교회 칸타타 200곡(예수는 나의 기쁨, BWV227), 부활절 칸타타, 수난곡 5곡, 장례식 5곡, 모테트. 푸가 C단조, 오르간곡, 오라토리오

(24) 게오르고 프리드리히 헨델(Georg Friedrich Handel, 1685-1759)
• 독일 작곡가
• 주요 작품 : 오라토리오 22곡(삼손, 솔로몬, 유다마카타베우스, 메시야, 부활), 수난곡 2곡(요한 수난곡, 마태 수난곡, 세상 죄로 죽은 예수), 오르간 협주곡 6곡, 앤덤 21곡, 테데움 2곡, 라틴 교회음악 11

곡, 합창곡 20곡

(25) 하이든(Franz Joseph Haydn, 1685-1759)
- 오스트리아 작곡가
- 주요 작품 : 미사곡 13곡(성세실리아, 넬슨미사, 전시미사, 십자가 상의 칠언), 오라토리오 4곡(천지창조), 테데움 2곡, 영국 시편가 6곡, 모테트 5곡, 마리아 찬미가 3곡, 스타바트 마테트 1곡

(26) 모짜르트(Wolfgang Amadeus Mozart, 1759-1791)
- 오스트리아 작곡가
- 주요 작품 : 미사곡 20곡(단조미사, 대관식 미사, 참새미사), 레퀴엠(죽은자를 위한 미사), 모테토(아베베룸, 귀하신 몸)

(27) 루드비판 베토벤(Ludwig van Beethoven, 1770-1827)
- 독일 작곡가
- 주요 작품 : 오라토리오(감람산의 그리스도), 미사곡(솔렘니스미사, C장조 미사, 장엄미사, D장조 미사), 합창 환상곡, 종교가곡 6곡(하늘은 주의 영광을 노래한다)

(28) 슈포어(Louis Spohr, 1784-1859)
- 독일 작곡가

- 주요 작품 : 미사(5성의 미사), 오라토리오(하늘에 계신 우리 아버지여, 최후의 심판, 바벨론의 멸망, 구세주의 마지막 시간)

(29) 조아키노 안토니오 롯시니(Gioacchino Antonio Rossini, 1792-1868)
- 이태리 작곡가
- 주요 작품 : 미사 5곡, 작은 미사 1곡, 스타바트 마테트 1곡, 칸타타 2곡(믿음, 소망, 사랑), 종교 합창, 오라토리오 3곡(사울), 고린도의 포위, 애국의 모세 승계창

(30) 프란츠 페터 슈베르트(Franz Pater Schubert, 1797-1828)
- 독일 작곡가
- 주요 작품 : 미사곡 6곡(독일 미사, A장조 미사, C장조, G장조, E장조, F장조), 칸타타(시편 23편), 독일 진혼곡 1곡, 종교음악 1곡, 시편 92편(미리암의 승리 노래, 성령께 드리는 찬송)

(31) 루이스 헬토르 벨르리오즈(Lois Hector Berlios, 1803-1869)
- 주요 작품 : 오라토리오(그리스도의 유시, 성가족의 목자들의 이별)
  진혼곡, 미사곡(죽은자를 위한 미사), 모테트 2곡, 합창곡(예수님의 부활 노래)

(32) 루드박 펠릭스 멘델스존
(Ludwig Felix Mendelwssohn, 1809-1847)
- 독일 작곡가
- 주요 작품 : 오라토리오 2곡(엘리아, 성 바울, 주께 감사) 미완성, 그리스도, 칸타타 8곡(코랄 칸타타), 모테트 3곡(지금이야 말로, 나를 평안하게, 내 기도 들어 주소서), 시편가 2곡, 마니피카트 1곡, 데테움 9곡, 앤덤 3곡, 수난곡 2곡9요한 마태 수난곡), 종교 합창곡 32곡(시편 찬미의 노래)

(33) 로베르트 알렉산더 슈만
(Robert Alexander Schumann, 1810-1856)
- 주요 작품 : 교황 찬가(기도, 2개의 교회 찬미가, 슬픈 찬미), 합창곡(주기도, 시편, 십자가), 레퀴엠(주기도, 아베마리아, 동정녀 마리아, 마리아 송가), 스트라스브르크 대성당의 종, 슬리우스의 전설(미완성), 미사곡(헝가리 대관식 미사곡), 오라토리오(천국과 지옥, 크리스마스, 그리스도) 모테트(슬픔의 골짜기에서 절망하지 말아라)

(34) 프란츠 리스트(Franz List, 1811-1886)
- 헝가리 작곡가
- 주요 작품 : 미사곡 4곡(헝가리 대관식 미사, 성 엘리자벳 전설, 장엄미사, 합창 미사곡), 레퀴엠 1곡, 오라토리오 2곡(그리스도를 위하여), 시편 5곡, 칸타타 4곡, 합창 미사곡, 종교 합창곡 69곡9그리스도,

시편 13편, 시편 116편, 시편 128편)

(35) 구노(Charles Gounod, 1818-1893)
- 프랑스 작곡가
- 주요 작품 : 오라토리오 3곡(토라아스, 속죄, 죽음과 생), 스타바트 마테트, 미사곡 2곡(수호의 천사, 성세실리아), 레퀴엠(그리스도의 칠언, 아베베룸, 아베마리아)

(36) 세자르 프랑크(Cesar Franck, 1822-1890)
- 벨기에 작곡가
- 주요 작품 : 미사곡 3곡, 모테트, 시편 150편, 봉납찬, 오라토리오 5곡(바벨탑, 속죄, 지복 레베카), 오르간 9곡, 합창(생명의 양식)

(37) 안톤 브루크너(Anton Bruckner, 1824-1896)
- 오스트리아 작곡가
- 주요 작품 : 미사곡 8곡(C장조, D단조, E단조, F단조, B단조, 시편 22편, 시편 150편), 솔렘니스 B장조 미사, 모테토, 레퀴엠, 마니피카트, 테데움 5곡, 시편가 5곡, 아베마리아 3곡, 종교 합창 36곡

(38) 요하네스 브람스(Johnnes Brahns, 1833-1897)
- 독일 작곡가
- 주요 작품 : 시편 13곡, 마리아 노래 7곡, 모테트 7곡(축복 받으소서), 독일 레퀴엠, 마단조 미사, 크리스마

스 전야, 종교합창 3곡(아베마리아, 시편 등)

(39) 라인베르크(Josep Rheinbeger, 1839-1901)
* 주요 작품 : 미사곡 12곡, 레퀴엠 3곡, 모테토, 합창곡(크리스마스 칸타타), 베들레헴의 별, 스타바트 마테트

(40) 샤를카유생쌍(Saens Charles camille, 1835-1921)
* 프랑스 작곡가
* 주요 작품 : 레퀴엠, 미사곡 시편, 마테트 20곡, 오라토리오(크리스마스), 종교 오페라(삼손과 데릴라)

(41) 안토닌 드보르작(Antoin Dvrak, 1841-1904)
* 체코 작곡가
* 주요 작품 : 미사곡(D장조), 레퀴엠 테데움, 오라토리오, 시편 149편 성모애가, 성루 드밀라

(42) 랄프본 윌리암즈(Ralph Vaughan Williams, 1872-1958)
* 영국 작곡가
* 주요 작품 : 테데움 2곡, 종교곡 1곡, 모테토 8곡, 칸타타 2곡, 시편 100편, 찬송곡 4곡, 마니피카트 1곡, 오라토리오 1곡

(43) 에른스트 페핑(Pepping, 1901-)
* 독일 작곡가

• 주요 작품 : 독일 코랄 미사, 레퀴엠(마테 수난곡), 시편 90편, 모테토 10곡, 테데움 3곡, 시편가 등 종교합창

(44) 올리비에 메시앙(Olivier Messianen, 1908-)
• 프랑스 작곡가
• 주요 작품 : 교회 음악 8성부, 미사 4곡(바이올린을 위한 미사), 모테트, 오라토리오, 예배음악 3곡, 오르간 음악, 실내악곡(세상종말)

(45) 에드워드 벤자민 브리튼
(Edward Benjamin Britten, 1913-1976)
• 영국 작곡가
• 주요 작품 : 칸타나 3곡, 테데움 2곡, 전쟁 레퀴엠, 앤덤 2곡, 작은 미사 3곡, 4곡(뮤지컬)

9. 성가대(성도들)가 알아두어야 할 지혜

1) 평화의 찬송

평화의 찬송

제2차세계대전이 치열할 때 있었던 일. 프랑스군과 독일군이 서로 팽팽하게 대치하고 있던 어느 전쟁에 눈이 내리고 있었다. 프랑스군 진지에서 내리는 눈을 바라보던 어느 병사가 외쳤다. '이런, 오늘이 크리스마스잖아?' 그러자 누군가 '고요한 밤 거룩한 밤 어둠에 묻힌 밤…' 하고 찬송했다. 이 찬송은 합창이 되어 사방으로 울려 퍼졌다. 그런데 독일군 진지에서도 마치 화답이라도 하듯 같은 찬송이 울려퍼졌고 찬송은 한 장으로 끝나지 않고 계속 이어졌다. 그날은 전투가 없는 평화로운 날이었다.

영감과 명곡

독일 출신의 휘대한 작곡가 헨델은 초기에 왕을 위한 곡을 썼다. 지금도 많은 사람들이 즐겨 듣는「수상곡」이 그 중의 하나. 그러나 그에게 최고의 영감을 준 곡은 이 세상을 초월한 가장 위대한 왕, 「메시아」였다. 불후의 명곡 메사아 중 할렐루야는 그에게 있어 영감의 극치였다. 그는 할렐루야를 작곡했던 당시의 감격스러운 상황에 대해 이렇게 고백했다.

'내 앞에 펼쳐 있는 하늘나라와 위대하신 하나님의 영광을 본 듯한 감격 속에서 이 곡이 만들어졌다.'

조국의 흙

1820년 여름, 폴란드의 천재 음악가 쇼팽이 20세에 프랑스로 떠날 때 그를 가르쳤던 음악교사는 작은 은컵에 「조국의 흙」을 담아주면서 '어디를 가든지 조국 폴란드를 기억해라. 이 한줌의 흙을 따뜻한 마음으로 사랑하기를 바란다.' 라고 말했다. 그후 이 「피아노의 시인」은 어려운 일이 닥칠 때마다 조국의 흙을 보면서 이겨나갔다. 38세의 나이에 생을 마치게 된 쇼팽은 이런 유언을 남겼다. '저 은컵을 무덤에 넣어 주시오.'

음악의 샘물

사막화 되어 가는 세상에서 음악은 넘치는 생수와 같은 것이다. 종교개혁자 마틴루터를 굳게 지켜주었던 것은, 진리에 대한 믿음과 음악이었다. 그는 「신령한 음악」에 관해 이렇게 말했다.

'음악은 하나님의 깨끗하고도 아름다운 선물로, 나를 종종 설교하는 기쁨으로 깨우치며 인도해 주고 있다. 나는 신학 다음으로 음악에 높은 의미와 가치를 둔다. 나의 영혼과 인생은 음악이 있기에 기쁨과 소망으로 흘러 넘친다. 무엇보다 그 음악이 종종 나를 무서운 재앙에서 건져주고 새롭게 해주는 것이다.'

2) 사랑으로 용서하자.

건강한 가정

부부싸움은 어느 가정에나 있다. 따라서 부부싸움을 하지 않는 가정이 건강한 가정이 아니라, 부부싸움을「슬기롭게」하는 가정이 건강한 가정이다.「부부싸움의 열가지 비결」. △승리자가 되기보다 사랑하는 자가 되기에 힘쓰라. △한가지 주제만 다루라. △타임 아웃을 지키라. △싸우되 1m이내에서 싸워라. △미봉책으로 끝내지 마라. △제3자를 개입시키거나 동맹관계를 맺지 마라. △인격 모독은 피하라. △관중은 절대 두지 마라. △분노일지에 기록하라. △싸우기 앞서 반드시 기도하라.

건강 10훈

무엇을 적게 하고 무엇을 많이 먹어야 건강할까. 대비되는 건강 10훈 △고기는 적게 채소는 많이(小肉多菜) △소금은 적게 초는 많이(小鹽多酢) △설탕은 적게 과일은 많이 △식사를 적게 씹기는 많이 △번민은 적게 잠은 충분히 △분노는 적게 웃기는 자주 △옷은 얇게 목욕은 자주 △말수는 적게 선행은 많이(小言多行) △욕심은 적게 돕기는 많이 △차 타기는 적게 걷기는 많이

민족 결핍증

현대인들은 민족결핍증을 앓고 있다. 인생의 진정한 만족은 술이나 향락, 과도한 소유에 있지 않다. 미국의 작가 게일 훼일은 '통

로를 찾는 사람들'이란 글에서 참 만족을 갖고 사는 사람들의 조건에 관해 다음과 같이 말했다. '삶과 뜻에 분명한 방향을 가진 사람, 허무와 실망에 매이지 않는 사람, 앞날의 계획을 믿음과 용기로 성취하는 사람, 누군가를 무척 사랑하는 사람, 신뢰할 친구가 많은 사람, 낙천적이고 비밀이 없는 사람, 자기비평에 신경쓰지 않는 사람, 큰 두려움이 없는 사람'

매력적 여성

최근 여성들의 위치가 사회적으로 부상하고 있다. 정보시대에는 여성의 감성과 섬세함, 정서적인 면이 큰 장점이라는 것이다. 정말 매력있는 여성은 어떤 정서를 가지고 있을까, 음악사를 연구하던 프랑스의 생 포아(1874-?)는 여성의 장점에 이것을 보태면 정말 매력있는 존재가 될 것이라고 말했다.

'모든 기쁨에 미소를, 모든 슬픔에 눈물을, 모든 분노에 사랑을, 모든 비애에 위로를, 모든 허물에 용서를, 모든 불행에 기도를, 모든 희망에 격려를 가진 여성이 아름답다.'

예측못할 삶

고대 그리스의 정치가이며 철학자였던 솔론이 리디아의 왕 크로이소스를 만났다. '세상에서 제일 행복한 사람이 누구입니까?'의 질문에 솔로몬이 대답했다 '아테네의 텔로스입니다. 그는 자녀를 잘 길렀고 행복한 가정을 꾸몄으며 나라를 위해 전사했습니다.' '그러면 두 번째는?' '올림픽에서 월계관을 쓴 사람들입니다.' '왜 나를 행복한 사람으로 지목하지 않소?' '전하, 인생은 예측할

수 없습니다. 그 때문에 비석이 서기 전까지 행복한 사람인지 불행한 사람인지 알 수 없습니다.'

3) 행복의 길

영원한 의미

영원한 의미가 부여될 때 하찮은 것들이 보석처럼 빛난다. 스코틀랜드의 종교개혁자 리터포드(1600-1661)가 감옥에 있었을 때의 일화. 올바른 신앙의 의지 때문에 박해를 받아 투옥된 그는 어느 날 밤 갑자기 감옥 안이 환해지면서 그리스도께서 나타나신 것을 보게 되었다. 그것은 생애 가장 신비로운 경험이었다. 후에 그는 자유로운 몸이 되었을 때 그때의 경험을 다음과 같이 말했다.
 '그날 밤, 예수 그리스도께서 내 방에 오셨다. 그때 주위에 있었던 돌이란 돌은 모두 보석처럼 빛났다.'

신비한 힘

인체의 심장은 평균 1분에 75회, 1년에 4천만 번 박동한다. 사람이 70년을 산다고 할 때 25억회 박동할 때마다 1백g이 넘는 혈액을 방출한다. 이 양은 하루에 3천 갤런, 1년에 65만 갤런에 달하는데 이는 8천 갤런짜리 탱크차를 81대 채울 만한 양이다. 또한 심장이 한시간 동안 내는 힘은 75kg의 사람을 3층짜리 건물 꼭대기로 올리는 힘과 같다. 「70년의 힘」은 바다의 군함을 육지로 끌어올리는 힘과 같을 만큼 강력한 것이다. 이 심장을 주관하는 분은 창조주 하나님이시다.

성찰의 의미

'곤고한 날에는 생각하라.'는 전도서 7장 14절 말씀이 요즘처럼 실감하게 느껴진 때가 있을까. 「생각하라」는 것은 과거와 현재를 성찰하고 미래의 방향을 진지하게 살펴보라는 의미이다. 성찰의 진정한 의미는 무엇일까? 한 교사가 학생들에게 '회개란 도대체 어떻게 하는 것일까?'라고 물어보았다. '그것은 지은 죄를 반성하고 미안해 하는 것입니다.' 한 소년이 손들고 말했다. 잠시 뒤, 한 소녀가 다시 손들고 이렇게 말했다. '그것은 빗나간 자신의 행동을 그만둘 정도로 충분히 미안해 하는 것입니다.'

행복의 길

부부 간에 행복지수 높이는 방법 △사랑의 하나님을 경외하는 것이 사랑과 행복의 시작 △최소한 식탁과 침실에서 험담은 금물 △침묵이 금일 때가 있다. 그러나 필요할 때 감정을 솔직하게 털어놓으라. △인간은 설득당하게 태어났다. 인내심을 갖고 부드럽게 설득하라. △부부만의 공간을 확보하라. 산책길 등 △이해의 한계를 느낄 때는 기도하라. △종종 '우리는 행복하려고 만난 부부'라고 손잡고 외쳐라. △칭찬은 저축하는 것이 아니다. 마음껏 소비하라.

위대한 否定

스코틀랜드의 개혁자 로버트리(1804~1868)의 「위대한 否定 7가지」 △피흘림이 없으면 죄 용서가 없다(히브리서 9:22). △믿음이 없으면 주를 기쁘시게 못한다(히브리서 11:6). △행함이 없으면 죽은 믿음(야고서 2:26). △거룩함이 없으면 주를 볼 수 없다(히브리서 12:14). △사랑이 없으면 아무것도 아니다(고린도전서 13:2). △징계가 없으면 참 자녀가 아니다(히브리서 12:8). △주가 아니면 아무것도 할 수 없다(요한복음 15:5).

사단의 「덫」

사단은 인간을 파탄시킬 때 대수롭지 않게 여기는 「작은 것」을 노린다. 이런 사단의 일곱가지 「덫」 △누구나 하는 것인데 내가 했다고 큰 죄가 될까? △아직 젊으니까, 신앙을 갖는 것은 나중에 나이가 들어서나 갖지 뭐. △이건 아주 미묘한 것으로 양심에 큰 가책이 되지 않는다. △이번이 딱 한 번 뿐이니까, 괜찮겠지. △아무도 보지 않았으니까, 문제 없겠지. △그동안 너무 힘들게 살았으니까 이 정도는 보상차원에서 괜찮겠지. △이것이 나에게 주어지는 좋은 기회가 아닐까?

참고문헌

강신우 저「찬송가의 올바른 이해」기독교 음악사, 1983.
권종렬 역「합창 음악의 역사」풍진 출판사, 1984.
권종렬 역「완전한 합창 지휘법」학문사, 1985.
권종렬 저「합창음악과 교회음악의 역사」학문사, 1997.
권종렬 역「합창 지도 지휘법」보이스사, 1984.
권달천 역「찬양의 생활」생명의 말씀사, 1984.
권은미 역「모짜르트」시공사, 1995.
권재우 역「바흐」시공사, 1996.
김두완 저「교회음악 개론」아가페 음악 선교원, 1981.
김두완 저「교회음악의 이해」아가페 음악 선교원, 1983.
김두완 저「교회음악 미학」아가페 음악 선교원, 1981.
김경선 저「찬송가학」여운사, 1987.
김의작 저「교회음악사」대한 예수교 장로회 총회 교육부, 1980.
김명환 저「교회음악 핸드북」문서 선교국, 1997.
김미애 저「서양의 교회음악」삼호출판사, 1990
김성해 역「음악의 재발견」서울서적, 1987.
김상배 저「성경에 계시된 교회음악」칼빈서적, 1997.
노주하 저「교회음악개론」예솔, 1993.
남요 저「바로크 명곡 해설」일신 서적 출판사, 1995.
박세원 역「서양 음악사 하」세광 출판사, 1995.
박재열, 이영조 공역「음악사」세광출판사 1980.
배한숙 역「찬양」두란노 서원 1987.

이광복 저「교회음악은 왜 타락하고 있는가」흰돌, 1997.
이석철 저「교회음악 신학」편출판사, 1997.
이유선 저「교회음악사」기독교 교문사, 1992.
이택희 저「성가대론」질그릇, 1987.
임영만 저「교회음악 개론」한국 장로교 출판사, 1991.
양정모 역「서양 음악사」다라 출판사, 1994.
조성동 역「찬양」네비게이토 출판사, 1989.
주숙일 저「찬송은 믿음에 꽃입니다」코이노리아, 1992.
차동재 역「위대한 음악가들의 영적 생활」생명 말씀사, 1995.
이귀자 역「교회음악사」메사아, 1984.
홍정수 역「위험에 처한 교회음악」두풍, 1997.
전덕용 역「교회성가대 운영론」에덴 문화사, 1980.
조명자 · 조숙자 공저「찬송가학」장로회신학대학 출판부, 1988.
홍정표 역「목회와 음악」에덴 문화사, 1980.
Riccaim M. Anderew Studies in Religion and Theology
D. Grout. A History of Westem Music 1960.
A. Macmillan Hymns of the Church
B. Johns. A. History of English Cathedral Music
Greenvillis S. C. Musical Ministries 1980.
Portnoy Julius Musicin the Life of Man New York Holt Rinehart and Winston 1963.
Botsiber. p. Hoseph Haydn Leipzig
Durr. A, Johannes-passion von Johann Sebastian Bach Kasel London, 1988.
Enggbrecht H. H.(Hrsg) Riemann Music Lexikon Mainz, 1967.

Grout D. J. A History of Westem Music New York

Hirsch. F. Das gresse Worterbuch der Musik Wilhelmshaven

Lloyd N Grobes Lexikon der Music Gutersloh

Schamagl A. Einfucrung indie Katholische Kirchenmnusic Wilhelmshaven

Reese Gustav Music in the Middle ages W. W. Nation Co. N. Y.

Weinmann Karl History of Church Music Boston McLaughlin and Reilly

Winckel Fritz Music Sound and Sensation New York Dover Publication

Rouget Gilbert Music and Rrance Chicage Univercity of Chicaho House

Paul Henry Lang Contemponary Music in Enrope G. Schirmer Inc. N. y. 1965.

Carretson Robert L. Conducting choral Music Allyn and Bacon Inc 1981.

Roe Paul f. choral Music education New Jersey Prentice Hall Inc 1970.

Grace Publisher(은혜) BEST BOOK

누구십니까 성령님

늦은 비 성령강림을 간절히 사모하는 저자가 보수신학의 바탕 위에 성령의 다양한 역사를 체험적으로 정리한 책. 성령의 내주와 세례, 충만, 기름부음, 성령의 감동과 조명 등의 의미를 체계적이고 조리있게 간증을 곁들여 정리한 책.

구자원 저/신국판/값 7,500원

그 능력의 비밀

하나님의 능력의 사람, 스미스 위글스워스. 그의 사역을 통해 일어난 대 부흥은 영국과 유럽대륙과 미국 전역을 휩쓸고 지나갔습니다. 그의 생애를 통해 수많은 사람들이 구원받고, 병고침 받고, 14명의 죽었던 자가 그의 기도를 통해 일어났습니다. 이 책을 보는 순간 여러분은 성령의 권능에 사로 잡히게 될 것입니다.

알버트 히버트 지음/ 김유진 옮김/ 신국판/ 값 4,600원

믿는 자들에게 이런 표적이 따르리니

C.피터 와그너 추천

영혼의 추수와 잃어 버린자들을 사단의 손아귀에서 해방시킬 열쇠를 찾는데 갈급해 하는 모든 믿는 자들에게 이 책을 추천합니다. 금후 10년동안 부흥에 관한 책들 중에서 가장 중요한 책들 중 하나로 인정 받을 것입니다.

카를로스 아나콘디아 지음 / 김병수 역/ 신국판/값 7,800원

Grace Publisher (은혜) BEST BOOK

수화집 시리즈

찬양을 수화로
정한식 지음/ 신국판

새로운 손유희
김흥영·백은정 지음/ 신국판

수화로 찬양을
정상문 지음/ 신국판

- 손가락 손유희 김흥영외/ 신국판
- 샬롬 손유희 서광덕/ 신국판
- 복음송을 수화로 정한식/ 신국판
- 손가락 유희 나하나/ 신국판

Grace Publisher(은혜) BEST BOOK

귀신을 쫓는 영적인 사람들

타락한 천사인 마귀는 오직 인간의 정신을 유혹하여 죄를 짓게 하고 수많은 문제와 고통을 주며 결국 하나님을 망각한 채 자기를 하나님처럼 숭배하게 만든 후 우리의 영혼을 지옥으로 팽개 치는 것입니다. 이 책은 악한 영으로부터 자유함을 얻는 해법을 제시하고 있습니다.

허철 저/신국판/값 7,500원

대적을 바로 알자

이 책을 통해 아직도 마귀에 대해 부정적이거나 안이한 생각을 가지고 있는 많은 사람들이 사단의 무리에 대해 보다 확실하고 많은 정보를 가져야 합니다. 우리는 보다 적극적으로 대적하여 더불어 하나님 나라의 확장에 한 몫을 담당해야 합니다.

구자원 저/ 신국판/값 11,000원

전도용 베스트

National Bestseller
정말 지옥은 있습니다

지옥은 분명히 있으며 지옥으로 간 후에는 아무리 뉘우쳐도 그곳을 벗어날 수 없다고 성경에는 기록되어 있습니다. 이책은 진정한 자기 회개를 통해 구원을 받게 하는데 그 목적이 있습니다. 지금 이 바로 당신이 구원을 선택 받을 시간입니다.

메어리 캐더린 백스터 지음/ 김유진 역/신국판/값 7,800원

성가대를 위한 예배음악

성가대 운영론

■인쇄일 — 2000년 2월 25일　■발행일 — 2000년 3월 5일
■지은이 — 권종렬　　■펴낸이 — 장사경
■펴낸곳 — Grace Publisher(은혜출판사)

출판등록 — 제 1-618호(1988. 1. 7)
주소 — 서울 종로구 숭인2동 178-94
전화 — 744-4029, 762-1485
FAX — 744-6578, 080-023-6578

ⓒ 2000 Grace Publisher, Printed in Korea
ISBN 89-7917-315-6 03230

▶은혜기획 : •기획에서 편집(모든 도서)까지 저렴한 가격으로 출판대행
　　　　　　•모든 인쇄(포스터, 팜플렛, 광고문) 등을 저렴한 가격으로 제작대행
　　　　　　　(T) 744-4029, (F) 744-6578